Mike Horn

LE S.O.S.
DE L'AVENTURIER

Mike Horn

LE S.O.S.
DE L'AVENTURIER

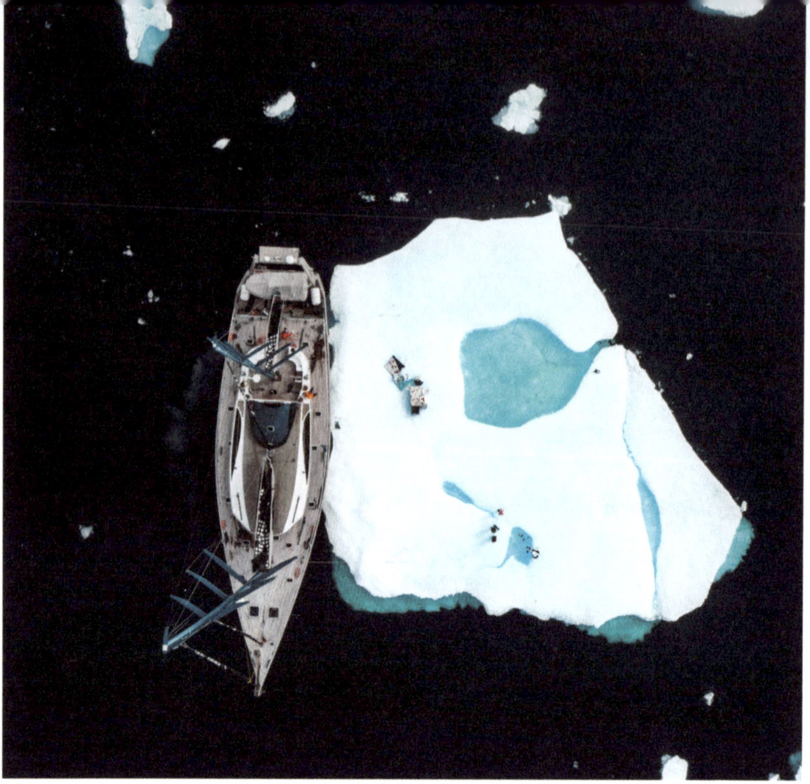

L'essence de l'aventure

Je ne suis pas certain d'être né « explorateur », mais ce dont je suis sûr, c'est que je le suis devenu dès mon plus jeune âge. J'ai grandi en Afrique du Sud, du côté de Johannesburg, dans un monde de libertés enfantines et d'espaces à découvrir qui m'a progressivement incité à construire ma vie future. D'abord en rêvant, parce que le rêve est souvent la seule richesse des pauvres, des enfermés, des ghettoïsés, des empêchés de voyager. Nous ne pouvions bouger car l'Afrique du Sud était alors un pays soumis au boycott des autres nations à cause de son système d'apartheid aujourd'hui heureusement disparu. Le gamin que j'étais s'est d'abord évadé par l'esprit, en dévorant des livres d'aventures, des atlas, des encyclopédies. Très vite, j'ai été fasciné par les histoires de ces grands explorateurs qui ont élargi notre planète et les visions parfois étriquées que nous en avions. Cook, Dias, Vasco de Gama, Stanley, Livingstone d'abord, Scott, Amundsen, Shackleton un peu plus tard. Je ne devais avoir que 8 ans mais je connaissais déjà leurs noms et leurs exploits, je m'imaginais à leur côté, découvrant moi aussi ces terres lointaines, ces sources inconnues, ces îles non répertoriées... Comme un phare, ce sont eux qui, les premiers, m'ont éclairé et mené vers mon destin.

D'autres noms tournoyaient en même temps dans mon esprit et récitaient une toponymie pareillement fascinante : Bornéo, Ushuaïa, Pondichéry, Anchorage ou Vladivostok. Certains suscitaient, même le mystère : l'Arctique, l'Antarctique, le Groenland, l'Himalaya. Au fil des pages que je tournais avec avidité, je m'extasiais devant des lieux extraordinaires et croisais des créatures qui me subjuguaient. Ici une jungle où l'on pouvait se retrouver nez à nez avec des serpents de douze mètres de long, là un fleuve où les piranhas dévoraient une vache en cinq secondes. Plus loin, un lac où des plantes mangeaient de la viande, où l'urine d'une petite grenouille pouvait tuer en une poignée de secondes, où des fourmis monstrueuses étaient capables de marcher sur l'eau. Cela ne me faisait pas peur, au contraire, j'étais attiré, séduit même, et ressentais comme un appel : un jour, il me faudrait aller voir tout cela de plus près. Mais comment faire ?

Je me suis mis à courir puis à pédaler d'abord autour de la maison familiale, puis de plus en plus loin, pour découvrir un monde qui acceptait de se laisser dévoiler. Je l'imaginais gigantesque, il était réduit à ma taille d'enfant. En le parcourant, en l'agrandissant au fur et à mesure de mes pas en avant, je n'eus rapidement plus besoin de me poser de questions, passaient les mois et les années, je savais qu'au fond de moi, la vie que je devais choisir serait celle d'un nomade, d'un arpenteur, d'un voyageur, d'un découvreur...

Mais cette vie, il me fallut la mériter.

Car dans le domaine de l'aventure, il n'existe ni baguette magique ni fées, encore moins de miracles... Pour vivre ailleurs, pour survivre même dans ces contrées où je voulais me rendre parce qu'elles me faisaient de l'œil, je dus partir. C'est ensuite, en Suisse notamment, que j'ai commencé à travailler férocement à la réalisation de mes rêves. J'avais été membre des Forces spéciales sud-africaines, commercial dans une société d'import-export, je devins bûcheron, instructeur de ski, moniteur de rafting. Sport et plein air firent un lit à mon bien-être et à ma soif de mouvements.

Lorsque, en 1997, je voulus descendre l'Amazone à la nage équipé d'un hydrospeed, ce qui sera mon premier grand challenge, je suis parti à Manaus, la capitale de l'État, pour faire un stage au sein des commandos brésiliens. C'est là qu'avaient, par exemple, été formés certains militaires américains avant de partir au Vietnam... Je savais que j'allais y transpirer, y saigner, y rencontrer des dangers inconnus, que ce ne serait que l'antichambre de ce que j'allais devoir affronter. Mais je voulais avoir la sensation de me donner à fond. J'entendais déjà vaincre à tout prix, réussir quel qu'en soit le coût.

Et donc rester vivant.

Au fil du temps, les milieux les plus hostiles, les conditions les plus extrêmes, les animaux les plus féroces, les endroits les plus éloignés du monde que nous connaissons sont ainsi devenus mon quotidien : je suis explorateur professionnel depuis plus de trente ans. J'ai parcouru notre planète de bas en haut et de gauche à droite, j'ai escaladé les plus hautes montagnes, traversé les plus tumultueux océans, parcouru des déserts de sable ou de glace, tracé mon chemin dans des forêts inextricables, j'en suis toujours revenu, et cela n'a fait que baliser mon existence.

À chaque fois que je rentrais à la maison, que je me retrouvais en famille, d'abord avec Cathy, mon épouse trop tôt disparue, puis avec Annika et Jessica, nos filles, je traçais un bilan de ce que je venais de vivre. Par-delà les difficultés, les douleurs, je me persuadais que j'avais eu raison de choisir cette voie : je menais une vie peuplée de rêves que je parvenais à assouvir.

Le rêve a été et restera le moteur de mon parcours d'être humain. Jusqu'à mon dernier jour. Mais il n'a jamais été un objectif, il est une façon de concevoir les choses avant de les vivre ; quelle que soit son envergure, le rêve est souvent l'initiateur de ces sensations fortes qui sont venues épicer mon existence et qui, peut-être, mettront du piment dans la vôtre.

Le rêve fascine, motive et se réalise, mais, et c'est paradoxal, il inquiète aussi, et la frontière qui le transforme en cauchemar est mince. Je le sais, je l'ai vécu.

Une fois défini, reste à conquérir son rêve, la peur au ventre plutôt que la fleur au fusil. Car s'ils ne font pas trembler, c'est que les rêves ne sont pas assez grands. C'est ce que je professe depuis que j'ai tourné le dos à ces existences formatées que certains choisissent, car ils préfèrent subir plutôt qu'oser.

D'ailleurs, lorsque quelqu'un me dit : « Moi, je serais incapable de faire ce que vous faites », je réponds que c'est une erreur, que nous sommes tous capables de réaliser de grandes choses, à notre propre échelle. Il suffit de creuser à l'intérieur de soi, de trouver ses ressources intérieures et, surtout, de faire ce que l'on a envie de faire. Chacun de nous a la capacité de réaliser ses propres rêves. Seulement ils sont peu nombreux ceux qui savent comment s'y prendre.

Avec ce livre, j'aimerais vous aider à accomplir vos désirs d'aventure – nous en avons tous –, tout en vous mettant en garde. Car on ne s'improvise pas homme ou femme de grandes traversées et de quêtes insensées, on ne le devient qu'au fil des épreuves affrontées et des challenges remportés. Je l'ai donc conçu pour vous donner les quelques clés accrochées désormais à ma ceinture. À condition de définir, ou d'écouter vos rêves qui, parfois, sont ensevelis et ne demandent qu'à être réveillés, ces clés vous permettront d'ouvrir bien des portes. Dont celles qui mènent au dépassement de soi, à l'aboutissement d'un projet, tandis qu'au loin brille la lumière des existences qui se révéleront heureuses et sincères parce que décidées et assouvies.

Dans les pages qui suivent, je vais vous parler de préparations, mentale et physique, de matériel à emporter, de choix existentiels à faire, de techniques pour vivre ou pour survivre, j'évoquerai sans fard la douleur, la solitude, la peine et la délivrance que ressent si souvent celui qui parvient à réussir son existence.

Il y a quelques mois, sur le stand d'une brocante comme il en existe tant, je suis tombé sur un vieil ouvrage qui s'intitulait *Manuel du savoir-vivre*. Y étaient répertoriées les quelques astuces et autres politesses pour se frayer un chemin dans le grand monde avec distinction et élégance. Je vous propose ici ce que je pourrais appeler un « Manuel du savoir-survivre » où les convenances, l'étiquette et les règles sont, je crois, bien différentes.

J'aimerais ainsi partager avec vous des souvenirs, des conseils, des anecdotes, peut-être un peu de philosophie personnelle, tamponnés du sceau de mes propres expériences, et les menues connaissances accumulées au fil de mes aventures. Et puis, parce que nous sommes tous différents et que chacun doit avancer selon son rythme, son humeur et l'intensité de sa persévérance, je vous proposerai parfois des petits exercices qui vous permettront, je l'espère, d'affiner vos choix à venir, ou en tout cas de vous préparer à les vivre.

Puisse donc ce modeste ouvrage devenir simplement le déclencheur, puis l'accompagnateur de votre cheminement vers de nouveaux voyages.

Sommaire

2 La préparation physique

3 La préparation du matériel

4 Partir en expédition

La préparation mentale 1

— AIGUISEZ VOTRE ESPRIT —

Du corps ou de l'esprit, quel est celui qui entraîne, soutient ou démultiplie l'autre ? Difficile de répondre et même de faire la part des choses tant les deux semblent intimement liés. Un être humain digne de ce nom n'est pas qu'un ensemble de muscles et de nerfs, pas plus qu'il n'est qu'un cortex habitué à prendre des décisions. Au fil des expériences, vous comprendrez en effet que l'un ne va pas sans l'autre : les performances physiques de l'aventurier ou de l'explorateur que vous cherchez à devenir ne se réaliseront que si elles se doublent d'un mental savamment préparé.

Combien de fois ai-je cru que, la fatigue ou la blessure aidant, je ne parviendrais pas à continuer, qu'il me faudrait rendre les armes, abandonner ? Et combien de fois, là-haut, dans ma tête, d'étonnants rouages se sont mis en action ? Ceux qui intimaient à mes membres de poursuivre le combat, ceux qui me criaient d'oublier la douleur, de ne pas lâcher. Si j'y suis toujours parvenu, c'est parce que c'est un domaine sur lequel j'ai toujours beaucoup travaillé : un mental se forge de la même façon qu'un physique se développe.

Vous verrez rapidement au cours de vos aventures à venir, quels qu'en soient le lieu, l'intensité ou la durée, que vous ne parviendrez au succès qu'à condition d'avoir modelé votre mental, de l'avoir renforcé, de lui avoir donné cet étonnant et jubilatoire sentiment d'indestructibilité.

Pour que, le jour venu, vous soyez apte à faire face à l'inattendu, à la souffrance, au découragement, pour que le jour venu, votre corps soit à l'écoute de ce que votre esprit sera capable de lui faire faire. Vous serez alors étonné de constater que, parfois, c'est le supplément d'âme qu'il vous insuffle qui fera la différence.

1 Définir ses objectifs

Parce que vous n'y êtes sans doute pas habitué, parce que souvent c'est un domaine que l'on néglige, parce que cela fait parfois rire ceux qui ne comprennent pas, il faut, d'abord, prendre conscience de l'importance de la préparation psychologique. Préparer son corps est souvent bien plus simple que d'aiguiser son esprit, le modifier, l'ajuster pour qu'il soit prêt. C'est pour cela qu'il est essentiel de partir de vous pour construire votre expédition future. Le premier des rêves d'aventure que vous choisirez d'assouvir sera probablement celui qui vous demandera le plus d'efforts, car tout vous est encore inconnu.

En ce qui me concerne, le premier rêve que je m'étais fixé était de descendre l'Amazone à la nage. Je l'ai fait en 1997...

Une fois que j'ai atteint cet objectif et que j'ai compris que j'en étais capable, un autre rêve m'est alors apparu. Il me fallait poursuivre ma route et effectuer le tour du monde en suivant la ligne de l'équateur. C'est ce que j'appellerai un peu plus tard l'expédition « Latitude 0 ».

Pour ces deux rêves si différents l'un de l'autre, le point de départ était pourtant le même : une envie, un intérêt, un défi que je m'étais lancé… Il s'agit toujours de quelque chose qu'il me faut trouver en moi.

FAÇONNEZ VOTRE RÊVE

Lorsque l'on rêve d'aventure, comme c'est mon cas et sûrement le vôtre, il faut apprendre à décortiquer ce rêve pour en comprendre les étapes. Ce sont ces mêmes étapes qui viendront paver votre aventure jusqu'à la réalisation de votre rêve. Il est donc important de réussir à définir cette suite d'objectifs pour être, par la suite, en mesure de le conquérir. Par exemple, si vous souhaitez réaliser le tour du monde, essayez d'aller dans le détail :

- Souhaitez-vous le faire en parfaite autonomie ?
- Comment vous déplacerez-vous ? Par voie terrestre, maritime ou aérienne ?
- Prévoyez-vous d'aller à la rencontre des habitants ?
- Voulez-vous vous imprégner de la culture ou rester dans la nature sauvage ?
- Quel serait votre itinéraire ?
- Combien de temps pourriez-vous y consacrer ?

Si votre rêve est déjà clairement défini, il vous sera facile d'y répondre, mais prenez tout de même le temps d'y penser. Autrement, si votre rêve vous paraît encore flou, ces premières interrogations vous aideront à faire du tri dans vos idées et à vous apporter un cadre qui, je vous l'assure, n'est pas fait pour limiter vos ambitions, mais pour leur donner forme.

Exercice

Réfléchissez à vos envies

La première chose à faire est de parvenir à définir ce vers quoi vous voulez aller. Sans trop vous poser de questions, mais en activant une réflexion personnelle. En creusant un peu, vous verrez qu'il est aisé de faire remonter à la surface vos désirs et vos souhaits. Pour cela, il faut écouter ce que vous susurre votre cerveau, ce qu'il vous propose. Gardez l'esprit ouvert, ne craignez pas d'aller trop loin dans vos interrogations, ce sont celles-ci qui vous amèneront vers ce que vous n'imaginiez pas, trop enfoui jusque-là au plus profond de vous-même. Vous pouvez, par exemple :

- Partir à la recherche de sensations fortes.
- Relever un défi sportif en déployant une activité dans des conditions extrêmes.
- Mettre à l'épreuve vos capacités de survie en explorant des régions hostiles.
- Partir à la rencontre des populations les plus reculées du monde.
- Observer des paysages exotiques et une flore unique...

Si je vous alerte sur ce processus, c'est simplement parce que je crois que j'ai toujours su faire remonter mes envies, voire mes pulsions ; très vite, j'ai su que cela rendrait ma vie beaucoup plus intéressante... Et c'est ce qui a fait le ferment de toutes mes expéditions.

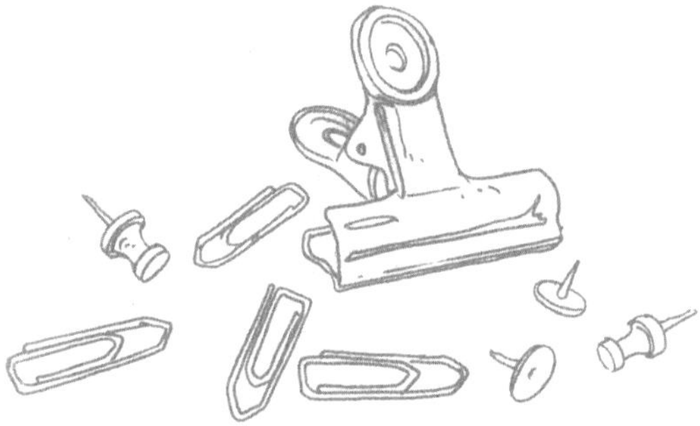

2 Le travail intérieur

Mettre un nom sur ses désirs, c'est aussi les adapter à ce que nous sommes. Je suis sans doute un explorateur confirmé, mais chacun d'entre nous peut construire sa propre aventure. À condition de la définir au préalable. Pour ce faire, il faut apprendre à se poser les questions essentielles.

> *Pourquoi est-ce que ce livre sur l'Amazonie que mon père m'a offert quand j'étais enfant a eu autant d'importance pour moi ? Parce qu'il m'a ouvert à un monde que je ne connaissais pas. Il m'a d'abord fait réaliser que la vie franchissait les barrières de mon jardin, ensuite que je ne connaissais rien du monde. C'est à cet instant que j'ai voulu faire de la terre entière mon terrain de jeu.*

CHERCHEZ L'INSPIRATION

Si vous vous retrouvez bloqué dans la définition de votre but à atteindre, laissez parler cette inspiration qui n'est pas uniquement réservée aux poètes et aux musiciens, mais que trop souvent nous refrénons. Elle peut venir de partout et se révèle primordiale pour avancer et mettre un nom sur vos projets futurs. Voici les différentes situations dans lesquelles il m'arrive d'être inspiré :

- En échangeant avec une personne ou un groupe de personnes.
- En lisant quelque chose (dans un livre, en ligne ou dans un message).
- En observant quelque chose (un paysage, une image, un visage ou une couleur).
- En entendant quelque chose (un son, une annonce, une chanson ou un rire)...

Chacun de ces points représente une situation dans laquelle des sentiments et des émotions peuvent être déclenchés, et vous allez même pouvoir en découvrir d'autres. Mais pour être prêt à accueillir ces sources d'inspiration, il faut provoquer votre ouverture d'esprit, vous ancrer dans le moment présent et vous tenir prêt au changement.

Exercice

Identifiez vos motivations

Une fois que vous avez déterminé vos inspirations, prenez le temps de les analyser et de comprendre pourquoi elle ont autant d'importance pour vous. Puis prenez une feuille de papier et écrivez les raisons qui vous ont amenées à cette réflexion. Ce n'est pas la peine de faire de longues phrases, au contraire, soyez direct mais employez les mots justes, ce sont les plus forts. Par exemple :

- ☐ **Un rêve ou un souvenir d'enfance.**
- ☐ **Un hommage que vous souhaitez rendre.**
- ☐ **Un record que vous souhaitez établir pour entrer dans l'Histoire.**
- ☐ **Un projet avec une ambition écologique ou humanitaire.**
- ☐ **Un rêve motivé par l'une de vos passions, ou plusieurs.**
- ☐ **Un projet en lien avec votre héritage familial.**

Bien sûr, ce ne sont que des exemples, car ces raisons peuvent être multiples et vous sont propres. Toutefois, si vous peinez à trouver la source de votre rêve, c'est peut-être que la raison pour laquelle vous souhaitez le réaliser n'est pas la bonne. Si c'est le cas, il va falloir repenser vos objectifs jusqu'à ce que vous mettiez le doigt sur ce qui vous fait vraiment vibrer.

Exercice

Réalisez une carte mentale

Si d'aventure vous rencontrez des difficultés à définir votre rêve, il n'est pas exclu de procéder à l'envers et de partir de vous-même. Identifier vos forces ou vos talents vous permettra de préparer une aventure qui vous ressemble.

Partez d'une page blanche et listez dans une première colonne ce qui, d'une manière générale, vous rend heureux. Il ne faut surtout pas oublier de mentionner les activités les plus diverses qui vous procurent bonheur et satisfaction. Écrivez de manière spontanée, presque instinctive, pour ne pas vous poser trop de questions, c'est important.

Dans une deuxième colonne, listez ce qui vous définit. Surtout ne répondez pas « rien », car nous possédons tous des talents, des compétences ou des spécialités... Si vous avez quelque hésitation, pensez à ce que vos amis disent de vous :

- ☐ **Vous êtes bon à vélo.**
- ☐ **Vous avez couru plusieurs marathons.**
- ☐ **Vous faites de la natation depuis votre plus jeune âge.**
- ☐ **Vous avez une bonne endurance.**
- ☐ **Vous êtes manuel.**
- ☐ **Vous vous intéressez aux langues étrangères.**
- ☐ **Vous êtes tourné vers les autres.**
- ☐ **Vous êtes passionné par le monde animal.**

3 Déceler ses habitudes

Certains de nos gestes sont tellement ancrés dans notre quotidien que nous n'y prêtons même plus attention, ignorant les conséquences qu'ils peuvent avoir une fois en expédition. Prenez votre façon de marcher, par exemple : si vous êtes droitier, vous vous appuyez naturellement sur votre jambe droite pour éviter un obstacle. C'est un réflexe. De la même façon, avant un saut, un droitier aura pour pied d'appui son pied droit. Ces habitudes, en apparence inoffensives, peuvent pourtant avoir un réel impact sur votre progression. Car, si vous continuez à contourner chaque arbre par la gauche, vous allez finir par dériver de votre itinéraire au lieu d'atteindre votre destination. Pour être certain d'avancer à travers une forêt dense comme l'amazonienne, il faut zigzaguer entre les arbres et alterner entre votre pied gauche et votre pied droit. Dans une vie d'aventurier, il faut laisser de côté tous ces automatismes. Identifiez vos vieilles habitudes afin d'intégrer ces nouveaux gestes qui pourront vous sauver la vie.

BRISEZ VOS MAUVAIS RÉFLEXES

L'habitude n'est pas une amie, même pas une camarade de jeu. Parce qu'elle nous joue des tours. L'une des premières choses que vous allez devoir faire consistera à rompre ce qui vous lie, souvent sans que vous vous en aperceviez, à l'habitude. L'habitude est un cocon dans lequel nous nous réfugions malgré nous. On y trouve une forme de réconfort dans lequel parfois nous nous laissons confire comme un fruit trop sucré. Or les mauvaises habitudes sont mortelles. Les bonnes, elles, ont pour effet de construire notre vie, ou de la baliser en nous laissant croire que l'on progresse : faire du sport, être serviable, se concentrer au travail, manger à heures fixes, aller au cinéma tous les lundis... Alors qu'à l'opposé, une mauvaise habitude va nous empêcher d'avancer : remettre à demain ce que l'on pourrait faire aujourd'hui, grignoter entre les repas, rester au lit à ne rien faire, être malhonnête, ne jamais reconnaître ses torts...

Souvent, un manque d'épanouissement, d'intérêt ou de motivation, un surplus d'aigreur, de jalousie, voire de méchanceté peuvent se trouver à la source de nos mauvaises habitudes. Ce sont celles-ci qu'il faut commencer à bousculer, à trancher, à oublier. Parce qu'elles nous tirent vers le bas, alors que le voyage et l'aventure nous rapprochent des sommets.

C'est pour ça qu'il va devenir fondamental de trouver la force de briser les mauvaises habitudes. L'intérêt, c'est qu'en les remplaçant par de bonnes habitudes, vous renforcerez parallèlement votre confiance en vous. La mise en place d'une bonne habitude peut parfois se révéler compliquée. Elle prendra du temps et demandera un effort psychologique, voire physique. Mais vous constaterez que les bienfaits l'emporteront sur le long terme, car ils vous apporteront un résultat positif et concret.

Exercice

Identifiez vos mauvaises habitudes

Prenez le temps d'y penser : essayez de trouver au moins trois habitudes que vous aimeriez briser et notez-les pour les garder en mémoire. Par exemple :

- ☐ **Se plaindre.**
- ☐ **Se sous-estimer.**
- ☐ **Juger les autres.**
- ☐ **Procrastiner.**
- ☐ **Annuler des projets au dernier moment.**
- ☐ **Passer trop de temps sur les écrans.**
- ☐ **Travailler à l'excès.**
- ☐ **Accumuler trop de choses.**
- ☐ **Se blesser régulièrement par imprudence…**

Ce sont toujours les habitudes les plus difficiles à identifier qui seront les plus importantes à changer. Se débarrasser d'une habitude demande du temps et une attention de tous les instants, il est si facile d'abandonner le combat et de retomber dans nos travers.

En revanche, à force de remplacer les mauvaises habitudes par des bonnes, vous réaliserez que le processus vous demandera de moins en moins d'efforts. Petit à petit, les meilleures pratiques, les bons réflexes feront simplement partie de votre quotidien. Faites-en alors un usage immodéré.

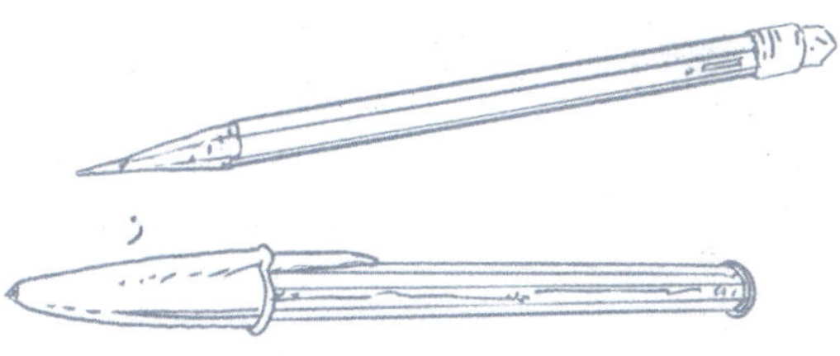

4 Renoncer à la facilité

Une fois que je suis lancé, je ne m'imagine pas revenir en arrière, et c'est ça qui fait peur. Au fur à mesure que j'avance, je deviens plus fatigué, j'ai la sensation d'avoir trop chaud, ou trop froid, d'être exposé et de m'affaiblir. Mais ce n'est pas grave, au contraire. Si je n'ai pas peur, si je ne suis pas épuisé, j'ai le sentiment d'avoir gâché une journée. C'est justement quand je suis mort de fatigue que je me dis que ma journée s'est bien passée, que j'ai vécu vingt-quatre heures à fond la caisse. Ce besoin de vivre les choses aussi intensément que possible pour me sentir en vie m'oblige quotidiennement à repousser mes limites et à bousculer ma routine.

ÉLARGISSEZ VOTRE « ZONE DE CONFORT »

Vouloir se lancer dans une première aventure, quelle qu'elle soit, demande de se remettre en question et de se pencher sur la façon dont on vit. J'évoque souvent cette fameuse « zone de confort » dans laquelle nous nous pelotonnons parfois, et je revendique le droit, l'obligation presque, d'en sortir pour vivre à pleins poumons. Si on le désire vraiment, chacun d'entre nous en est capable, même si les contours de cette zone de confort sont propres à chacun. Elle se traduit par un état psychologique et physique dans lequel nous nous sentons tellement à l'aise que nous ne voyons pas pourquoi il faudrait en modifier les frontières : nos habitudes et nos routines ne demandent aucun effort particulier, elles nous permettent de vivre une vie quotidienne plaisante, seulement elles nous empêchent de nous développer. Et je dirais même qu'à s'y complaire sans s'interroger, la zone de confort peut avoir un effet dévastateur : sans vous en apercevoir, le fait de ne jamais quitter ce cocon dans lequel vous vous sentez si bien peut vous amener à régresser.

Cette zone de confort propre à chacun, s'il ne faut pas la quitter vraiment, il faut avant tout l'élargir. En passant du confort qui vous entoure à l'inconnu qui vous appelle, vous allez vous ouvrir à l'apprentissage, vous allez acquérir des connaissances afin de définir une autre zone dans laquelle vous vous sentirez bien, mais qui sera plus étendue que la précédente. Cette évolution que je résumerai en « confort-risque-confort » est un cercle progressif, un peu élastique, qui peut se répéter et s'étendre à l'infini.

Exercice

Fixez-vous des objectifs

Afin d'élargir votre zone de confort, toujours à l'aide d'un stylo et d'une feuille de papier, je vous propose de noter cinq actions ou prises de risques que vous pourriez instaurer dans votre quotidien, par exemple :

- ☐ **Parler à un inconnu.**
- ☐ **Dire au serveur ou au sommelier ce que vous pensez d'un plat ou d'un vin au restaurant.**
- ☐ **Présenter une idée à un supérieur au travail.**
- ☐ **Développer une compétence qui vous est étrangère.**
- ☐ **Apprendre une nouvelle langue.**
- ☐ **Dépasser l'une de vos peurs.**
- ☐ **Découvrir une activité manuelle...**

Ensuite, notez ce que vous avez fait, comment cela a été perçu par vos interlocuteurs, et ce que cela vous a apporté comme satisfaction personnelle. Cette dernière étape vous permettra de comprendre les choses à améliorer la prochaine fois. C'est votre persévérance et votre capacité à vous améliorer en apprenant de vos erreurs qui feront de vous une meilleure personne et donc un bon compagnon d'aventures.

5 Différencier motivation et discipline

La motivation et la discipline sont deux sujets essentiels pour moi. Au fil du temps, j'ai progressivement réalisé que la motivation ne suffisait pas dans la réalisation de mes propres défis. Il me fallait quelque chose en plus pour parvenir avec succès au bout de mes objectifs. C'est comme ça que j'ai découvert l'importance de la discipline, en l'occurrence l'autodiscipline puisque je suis bien souvent seul lorsque je me prépare.

> *Je ne suis jamais motivé à l'idée de sortir de ma tente par des températures à – 40 °C, en revanche, je suis discipliné ! C'est la motivation qui me sert pour atteindre mon objectif final, mais c'est la discipline qui me force à me mettre debout puis à quitter ma tente tous les matins pour arriver au bout de mon aventure.*

DISCIPLINEZ VOTRE MOTIVATION

La motivation est un élément qui me pousse à l'action. Dans la plupart des cas, cette action est réjouissante, car j'y vois une raison ou un intérêt personnel. À l'opposé, la discipline est un ensemble d'impératifs que je me dois de mettre en place pour arriver au résultat que je me suis fixé.

L'instauration d'une stricte discipline sera un élément clé à maîtriser dans la réalisation de votre objectif. Une fois que vous aurez défini les actions à entreprendre pour l'atteindre, vous allez devoir mettre en place une série de règles pour y arriver. C'est là que la discipline va trouver sa place. Elle vous permettra de respecter ces règles sans les questionner et de maintenir le rythme de vos progrès. Une fois adoptée, cette discipline vous apprendra à apprécier les choses que vous n'aimiez pas forcément, renforçant à la fois votre tolérance à l'effort et vos capacités.

Mais méfiance ! Dans l'atteinte de tout objectif, il est possible de perdre sa motivation. Ne vous inquiétez pas, c'est normal ! Quand on peine à remarquer des résultats qui ne sont jamais immédiats, on peut parfois avoir envie de baisser les bras. C'est à ce moment-là que la discipline intervient : la structure que vous avez mise en place et les règles que vous vous êtes fixées vous permettront de poursuivre votre chemin sans risquer de renoncer. Mais il faudra être fort ! Bien que cette phase de démotivation puisse être déstabilisante, l'attitude et l'approche que vous adopterez en conséquence seront décisives dans l'atteinte de l'objectif final. Même si l'envie vous prend de baisser les bras, voire de laisser tomber, gardez la tête haute pour surmonter l'obstacle. Et souvenez-vous qu'une vie d'aventure ou d'exploration ne se déroule jamais sur un chemin plat, ce serait trop facile !

Exercice

Amusez-vous avec les règles

Pour être toujours en phase avec ma propre discipline, j'aime me lancer des petits challenges. C'est toujours plus stimulant de s'imposer une discipline de façon ludique. Par exemple :

- ☐ **Minuter son temps sous la douche.**
- ☐ **Marcher au moins 10 000 pas par jour.**
- ☐ **Tenir un journal de bord.**
- ☐ **Se réveiller cinq minutes plus tôt que la journée précédente.**

Avec le dernier exemple, au bout d'une semaine, vous aurez déjà gagné trente-cinq minutes de vie éveillée que vous pourrez mettre à profit. Ce sont des moyens de stimuler votre motivation pour qu'elle s'inscrive dans le temps et se transforme en discipline. La motivation est momentanée, elle peut s'essouffler rapidement. La discipline, elle, est durable. Elle se construit en répétant quotidiennement des gestes jusqu'à ce qu'ils deviennent mécaniques. Une fois que vous serez en expédition, quelle que soit votre motivation, votre discipline vous permettra toujours de trouver l'énergie nécessaire pour installer votre campement, le replier au petit matin, puis vous mettre en marche jusqu'à ce que votre objectif quotidien soit atteint.

6 Se préparer à l'inattendu

Dans l'existence des uns et des autres, une galère ne se résoud pas d'un claquement de doigts. N'est jamais puissant celui qui n'a savouré que des délices, devient fort celui qui lutte. Que cela soit face à lui-même, face à un supérieur désagréable au travail, face aux dangers que la nature nous réserve... Même si, parfois, nous sommes tous contraints d'abdiquer, je sais depuis longtemps que nos vies ne sont qu'une succession de tempêtes et d'accalmies, les premières permettent de se jauger, les secondes de se préparer à la suite... C'est dans les moments difficiles que vous apprendrez à être vous-même. L'inattendu en fait évidemment partie, il est toujours bon de le savoir pour mieux s'y préparer.

Lors de ma traversée du pôle Sud en kite, j'ai soudainement perdu l'aile qui me tractait et me permettait d'avancer rapidement, poussé par le vent. La peur s'est alors emparée de moi : sans mon cerf-volant, je n'arriverais sans doute pas au bout de ma traversée. J'ai alors laissé la luge que je tractais et j'ai fait demi-tour pour essayer de retrouver mon kite. Cela m'a pris des heures,

j'ai marché, marché, jusqu'à distinguer mon aile, posée un peu plus loin. Et je suis reparti.
Une nouvelle crainte m'a alors assailli, et si, cette fois, je ne retrouvais pas ma luge ? Dans ce désert blanc, parviendrai-je à remettre la main dessus, ne l'ai-je pas perdue pour toujours ? À – 40 °C ou – 50 °C, je pouvais tenir pendant une douzaine d'heures, c'était le temps qui me restait pour retrouver mon traîneau. La situation me paraissait pourtant gérable, j'ai maîtrisé mes angoisses, j'ai évidemment retrouvé ma luge et je me suis tiré de ce guêpier.

GARDEZ TOUJOURS L'ESPOIR

L'imprévu menace souvent de basculer vers une situation qui peut sembler désespérée. Pourtant, en cédant à la panique, vous diviserez toujours vos capacités de moitié : vous risquez de vous précipiter, de négliger les détails, de prendre des décisions inconsidérées ou pire, de renoncer et risquer de vous laisser mourir. Le corollaire de l'inattendu doit donc toujours être de garder espoir. Sans conviction, la vie n'est rien. J'ai appris au fil de mes aventures que l'espérance était une plante qui se cultivait et s'entretenait, parce que le jour où vous pensez qu'il ne vous reste plus aucune raison d'y croire, lorsque la moindre petite option semble avoir disparu, il se passera quelque chose. Le « c'est fini, on ne peut plus rien faire ! », il ne faut pas y croire… Apprenez à ne jamais céder au découragement, quel qu'il soit, d'où qu'il vienne et quoi qu'il vous en coûte. Parce que rien n'arrive qui ne soit le fruit d'une situation donnée, et parce que tout s'explique. La vie pourra vous balancer les obstacles qu'elle veut pour ralentir ou obstruer votre progression, cela ne doit pas vous rebuter, au contraire, cela doit transcender vos pulsions de réussite : vous allez devoir vous battre plus encore pour parvenir à ce que vous recherchez. Moi, j'aime ça !

Exercice

Envisagez toutes les options

Cet exercice-là est moins facile que les précédents, mais c'est normal, vous vous rapprochez du grand moment ! Dans les conditions extrêmes, j'ai développé une forme d'exercice méditatif, ou plutôt de schéma de pensée dans lequel je contrains mon esprit à se détacher de mon enveloppe corporelle, comme si je lui faisais faire un pas de côté, ou prendre de l'altitude, pour réfléchir aux décisions à prendre. Parvenir à s'extirper de son propre corps et de l'instant à l'origine de votre débordement émotionnel revient à s'offrir la possibilité d'analyser différemment la situation. Je deviens alors capable de proposer un point de vue autonome et distancié, comme si c'était un autre que moi qui m'observait et me conseillait sur la conduite à tenir.

Je vous propose d'essayer l'exercice suivant tranquillement à la maison. Asseyez-vous, laissez flotter votre esprit et tentez de le laisser s'envoler hors de votre corps. Restez décontracté, imaginez une contrariété, un problème, un ennui ou une situation que vous avez connus et dont l'issue ou la résolution ne vous a pas satisfait. Visualisez alors – vous verrez qu'au début ce n'est pas évident – ce qui s'est déroulé et forcez-vous à envisager une autre fin possible à ce que vous avez vécu. C'est un exercice qui a déjà fait ses preuves pour moi et qui m'a toujours permis de retrouver mon souffle et mon calme dans un moment de panique. J'aurais par exemple pu choisir de renoncer à ma voile lors de ma traversée du pôle Sud, trop absorbé par ma propre fatigue, le sentiment de découragement ou la perspective de manquer de temps avant la tombée de la nuit. Avec cet exercice, j'ai pu envisager différentes options, me projeter à travers différentes possibilités et ainsi, une fois mon choix arrêté, m'assurer de n'omettre aucun détail pour garantir son bon déroulement. Et y croire !

7 Ne pas redouter la peur

Vos premiers rêves, votre première inspiration peuvent distiller en vous une telle crainte que vous refuserez peut-être d'aller plus loin. Alors que c'est justement le contraire. Avoir peur fait partie de la vie de l'aventurier, c'est même un sentiment nécessaire. Avant même de partir pour votre première aventure, il faut donc intégrer le fait que la peur va vous accompagner tout au long de votre périple, mais que cette peur, vous pouvez tout à fait apprendre à la gérer.

> *Lors d'une de mes premières expéditions en Amazonie, alors que je descendais le fleuve, je me suis retrouvé dans le canyon le plus profond du monde, devant une cascade gigantesque dont j'ignorais tout. Allais-je m'éclater sur un rocher masqué par le tumulte de l'eau ? Allais-je être entraîné par un tourbillon et ne plus ressortir des profondeurs ? La peur était là, mais je n'ai pas douté, c'était à moi et à moi seul de décider d'y aller ou pas. Et j'y suis allé.*

DISTINGUEZ LA PEUR DU DOUTE

Ne pas avoir peur est une forme d'inconscience, une façon de se croire au-dessus des lois de la nature, parce que ne pas avoir peur empêche de voir les dangers, diminue la perception de ce que l'on est en train de faire, et nous laisse penser que nous sommes plus puissants que tout ce qui nous entoure. La peur est à la fois un ange gardien et la maison où l'on se réfugie, il faut donc vivre avec ou dedans. Son omniprésence n'est pas paralysante, au contraire, elle motive et incite à poursuivre.

Et puis, il faut surtout faire la différence entre cette peur salvatrice et protectrice et les doutes qui peuvent s'installer au plus profond de nos êtres. Douter, c'est croire que l'on n'est pas capable d'atteindre ce que l'on s'est fixé, c'est penser que l'on ne s'est pas assez bien préparé, c'est rejeter l'image que nous avons de nous-même. Le doute est une négation de ce que nous sommes, la peur est la révélation de ce que nous recherchons.

Les deux ne peuvent pas coexister, ils ne doivent jamais faire chambre commune dans la tête de l'explorateur ou de l'aventurier.

8 Accepter l'échec

Il faut admettre que l'échec va faire partie intégrante de votre vie. Cela m'est arrivé, bien sûr, et chaque fois, j'ai accepté de m'incliner. Un revers, quelle que soit son origine ou son intensité, n'est jamais une défaite pour celui qui le subit, à condition qu'il s'en serve pour mieux repartir. Si cela vous arrive, vous en sortirez plus fort, plus aguerri, plus expérimenté, plus décidé en tout cas à affronter les prochaines morsures de l'existence. L'échec laisse un goût d'amertume saupoudrée de mélancolie, mais jamais longtemps.

En redescendant vers la vallée, après avoir accepté de faire demi-tour et de ne pas parvenir au sommet du K2, l'une des montagnes les plus hautes du monde, je me satisfaisais d'être toujours vivant en me disant que c'était là l'essentiel. Certains me parleront de débâcle, morale surtout, mais je m'en moque. Je suis allé au plus haut de mes aspirations, j'ai probablement atteint mes limites sans cependant les outrepasser, j'ai donné tout ce que j'avais en moi. À mes yeux, l'échec aurait été que l'on soit obligé de m'amputer les pieds, ou les mains. Parce que cela m'aurait forcé à transformer mon existence.

APPRENEZ DE VOS DÉFAITES

La vertu première des désillusions est de nous rappeler que le succès que nous recherchons tous, la réussite que nous appelons de nos vœux ne sont jamais garantis.

J'ai toujours pensé que les échecs n'étaient que des briques que l'homme doit apprendre à poser pour se construire. Les miens font partie de mon être au même titre que mes réussites. Je veux toujours tout tenter, tout braver en restant fidèle à moi-même, prendre en main mon destin, affronter parfois des conditions féroces qui me contraindront à modifier mes actes, m'étonner que la vie paraisse injuste, accepter de ne pas arriver au but fixé, et je continuerai, malgré toutes les désillusions du monde.

L'échec n'est qu'une leçon de plus à digérer. S'il se présente, vous devrez être capable de l'accepter, de le surmonter, de le transformer. L'échec n'est pas une fin en soi, il n'est qu'un échelon supplémentaire pour accéder à la réussite.

Exercice

Tirez des leçons de vos erreurs

Analyser un échec que vous avez connu pour en tirer des leçons utiles : voilà une manière de progresser. Prenez à nouveau une feuille de papier et pensez à quelque chose que vous avez raté au cours de votre vie, pas forcément récemment mais dont vous avez conservé le souvenir. Notez premièrement ce que vous avez appris à travers cet échec, les répercussions que cela a pu avoir, même si cela ne semble que vaguement lié à l'échec en lui-même aujourd'hui. Réfléchissez à ce que cela vous a appris sur vous-même ou sur les autres, les limites que vous avez décelées dans votre comportement ou vos actions, les forces dont vous avez fait preuve...

Deuxièmement, notez les choses positives que vous aviez faites avant de connaître ce même échec, bonne préparation, bonne analyse de la situation... Puis, pareillement, listez les choses négatives qui vous sont arrivées, manque de patience, trop haute opinion de vous, absence de communication, intervention inattendue... Enfin, écrivez comment il vous aurait fallu modifier votre approche pour ne pas connaître cet échec. En relisant, de façon rétrospective, ces informations, vous serez en mesure de ne pas reproduire les mêmes erreurs à situation égale ou similaire. Ce qui, à n'en pas douter, vous permettra d'avancer.

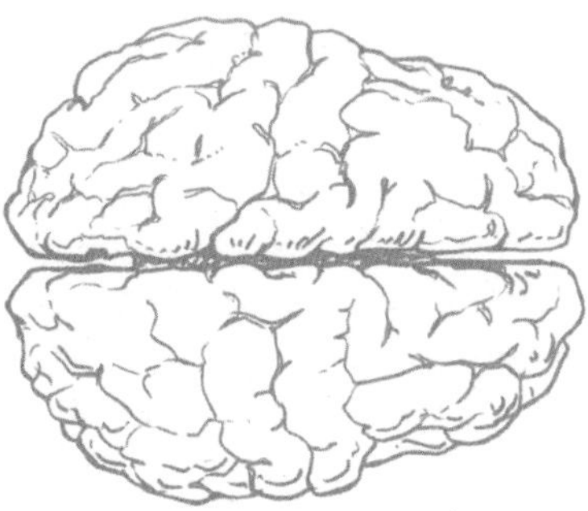

9 Quand vous aurez envie d'abandonner…

Dans la vie, nous allons tous inévitablement un jour ou l'autre devoir faire face à une situation d'adversité. Si vous n'êtes pas familier avec le terme, je pourrais le définir comme étant l'état de celui qui fait face à une difficulté, au malheur ou à la malchance. L'adversité prend place quand un événement important échappant à tout contrôle se produit, entraînant ainsi l'impression que le monde va s'écrouler sous vos pieds. Ce sont des moments dans votre vie où vous aurez l'impression soit de toucher le fond, soit que vous allez être bientôt contraint d'abandonner. Il existe un moyen d'éviter ces terribles désagréments : le mot est assez nouveau mais souvent utilisé désormais, il s'agit du concept de résilience.

J'ai appris à ne jamais abandonner, à toujours me relever. Lors de ma dernière expédition, j'ai refusé que cette glace trop friable ne devienne le bourreau craquelé de mes derniers instants. Je l'ai trop souvent répété : "Rien n'est jamais vraiment terminé, jusqu'à ce que tout soit réellement terminé." Je suis transi, je grelotte, les zones mouillées de mon corps se raidissent parce que le froid extrême continue son œuvre dévastatrice, mais je suis vivant. Et je vais m'en sortir. Parce que le souffle glacé de la mort ne m'a pas seulement frôlé, il m'a envoyé un message.

FAITES PREUVE DE RÉSILIENCE

Si je souhaite aborder ce douloureux sujet avec vous, c'est pour vous montrer que derrière l'adversité se cache une incroyable compétence qu'il faut exploiter, qui se définirait comme l'aptitude d'un individu à se construire et à vivre de manière satisfaisante en dépit de circonstances traumatiques. Ce qui peut aisément correspondre à la vie que je mène, comme à celle à laquelle vous aspirez.

Ne pas parvenir à affronter une épreuve que vous vous êtes fixée, choisir de faire demi-tour, de déclarer forfait ou d'appeler au secours, c'est risquer de se retrouver affaibli et démoralisé. Baisser les bras ne facilitera en aucun cas votre situation, au contraire, elle amplifiera vos peines et rendra les prochains obstacles encore plus difficiles à surmonter. Mais c'est grâce au développement d'une forte résilience que vous trouverez la force de vous relever à la suite d'une épreuve difficile ou d'un échec. Cette résilience se renforcera donc essentiellement en traversant des états d'adversité : c'est le célèbre « ce qui ne tue pas rend plus fort ». À force de sortir de votre zone de confort, de changer vos habitudes et de vous attendre à traverser des épreuves difficiles, votre capacité de résilience va petit à petit émerger jusqu'à ce que vous parveniez à la consolider. C'est un état d'esprit.

Il m'est arrivé souvent d'être au fond du trou, à plat : une morsure de serpent, un genou brisé, du matériel cassé, une arrestation par des soldats gouvernementaux, des menaces proférées par des narcotrafiquants sud-américains ou un excès de zèle de bureaucrates russes, et même une condamnation au peloton d'exécution. Tout ce qu'il faut faire alors, c'est relever la tête et regarder vers le ciel. Il y aura toujours un rayon de soleil pour vous apporter de l'espoir. La lumière est la seule chose qui peut transcender la confiance perdue, parce qu'elle est toujours plus grande que l'ombre qu'elle projette.

Exercice

Ne vous laissez pas submerger

Afin de mieux vous préparer à affronter les obstacles que vous allez inévitablement rencontrer, je vous conseille de réfléchir comme toujours aux différentes compétences que vous pourriez acquérir, modifier ou développer au fil de votre préparation, y compris face à la peur :

- Quelle serait votre plus grande peur ?
- Avez-vous une phobie ? (Thalassophobie, araignées, reptiles, claustrophobie, vertige, peur du noir...)
- Quelle en est la source ?
- Comment réagissez-vous face à cette peur ? (Angoisse, tétanie, mouvements brusques, difficultés respiratoires, panique, montée de larmes...)
- Y a-t-il quelque chose que vous pourriez faire pour vous confronter à cette phobie ? (De l'escalade en salle, une initiation à la plongée sous-marine, une excursion dans une grotte, un baptême de saut à l'élastique...)
- Que pouvez-vous travailler dès à présent si vous ne vous sentez pas encore prêt à dépasser votre plus grande peur ?

En répondant à ces questions, vous allez instinctivement construire une sorte de bouclier personnel qui vous permettra de faire face à toutes les épreuves avec une confiance affirmée.

10 Conquérir sa liberté

Les gens disent souvent que je suis un exemple de liberté. Pourtant, si elle était quantifiable, ils s'apercevraient rapidement que je n'en ai ni plus ni moins que mon voisin qui se sent emprisonné. Ce qui nous différencie, cependant, c'est notre vision de cette notion de liberté et la manière dont on en fait usage. Pour moi, être libre, c'est pouvoir rêver sans limites et définir le cheminement à emprunter pour atteindre mes objectifs. Peu importe que cela soit pour traverser un océan, un désert de glace, une jungle ou un pays en guerre.

UTILISEZ VOTRE LIBRE ARBITRE À BON ESCIENT

Ma liberté, c'est moi qui en ai fixé le prix, mais je ne veux pas que d'autres le paient. C'est pour cela que, lorsque je suis en expédition, personne ne peut vraiment me donner des ordres, me dire ce que je dois faire ou comment je dois vivre. Personne n'est là non plus pour m'indiquer la direction à suivre, personne n'est là pour décider à ma place si je dois tourner à droite ou à gauche. Être humain, c'est aussi cela, s'éloigner des règles quand on le peut pour atteindre les dernières limites de sa propre liberté. Que l'humain soit contrôlé par un système, c'est normal, qu'il y ait des lois et des décrets pour maintenir l'ordre social, oui, sinon c'est le désordre absolu… Mais j'aurai toujours ce besoin irrépressible de vouloir frayer avec l'étrange ligne de démarcation qui sépare le monde de ceux qui respirent de celui de ceux qui ont cessé de le faire. Il me faut des endroits où je puisse me glisser, sans loi réelle, sans autres règles que celles qui t'indiquent que, livré à toi-même, tu dois te démerder. Advienne ensuite que pourra.

Cependant, la liberté est un cadeau tellement précieux qu'il faut apprendre à en faire usage avec recul et considération. Trop souvent, nous tombons dans le panneau en nous disant : « Je suis libre ! Je peux faire ce que je veux, quand je le veux ! » Le problème avec cette perception erronée, c'est que nous pouvons rapidement perdre le sens commun et commencer à faire ce que bon nous semble. En effet, le droit d'être libre est souvent interprété comme un état de non-contrainte, il n'en est rien. La liberté est un choix qui dépend de soi-même, mais surtout des autres, et du monde dans lequel nous évoluons grâce à des règles sociales qui nous lient.

Partir à l'aventure ou en exploration ne vous exonère pas de ce contrat social, au contraire, il faut que vous le sachiez. Même si, une fois, en chemin, vous voulez user, sans en abuser, de cette liberté que nous avons la chance de posséder, il est nécessaire de vous fixer des règles qui soient en accord avec vos propres objectifs. C'est-à-dire définir une structure et adopter une vision cohérente pour choisir et agir judicieusement. Pour faire simple, il s'agit de ne pas faire n'importe quoi, n'importe comment.

Il est probable que le mode de vie que vous allez choisir vous donnera l'impression d'être libre. Mais pour y arriver, il faudra continuer à vous plier aux obligations que vous vous êtes fixées, et surtout avoir un comportement social acceptable par tous, y compris en prenant grand soin de ne pas dégrader les endroits où vous vous rendrez. Le système est simple, c'est donnant-donnant. Si vous n'êtes pas disposé à faire ce genre de sacrifices, vous ne vous sentirez jamais complètement libre.

Exercice

Réfléchissez au sens du mot liberté

Êtes-vous à l'aise avec votre perception de la liberté et la façon dont vous en faites usage ? Essayez comme toujours de trouver des exemples dans votre propre vie :

- Jusqu'où puis-je aller ?
- Est-ce qu'être libre n'est pas une forme d'égoïsme ?
- Suis-je capable de partager ma propre vision de la liberté ?
- Quand ai-je vraiment eu l'impression d'être libre ?
- Comment me sentir plus libre au jour le jour sans bouleverser tout mon quotidien ?

Les questions peuvent être multiples, elles doivent d'abord vous amener à réfléchir sur votre rapport à vous-même, et par extension celui que vous entretenez avec les autres. Si vos réponses vous paraissent satisfaisantes et globalement positives, continuez comme ça ! Sinon, suivez mon conseil et construisez petit à petit une relation saine avec la liberté. Ne l'utilisez pas comme une excuse pour faire ce que vous voulez quand bon vous semble, mais comme une réelle opportunité de choisir vos objectifs et les actions à entreprendre pour y arriver. Sans empiéter sur la liberté de celles et ceux qui vous entourent.

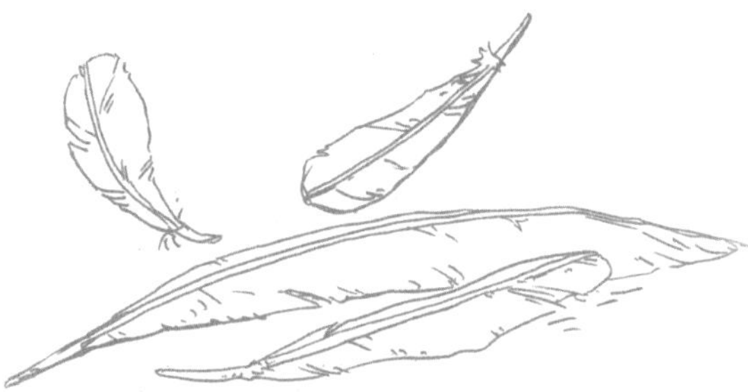

11 Pas de précipitation

En espérant que le découragement n'est pas une option et que vous avez bien saisi les différentes étapes qui vous mèneront à la réalisation de vos aspirations, je vous conseille de vous accorder régulièrement des instants de réflexion. Ils précèdent et suivent toujours l'action. L'idée, c'est de prendre du recul, de relever la tête, de mesurer les efforts consentis et d'analyser les progrès. Une réflexion régulière, franche et sans concession permet de détecter et de réajuster les potentielles failles cachées dans votre approche, ou révélées par votre travail spirituel. Bien que s'achève la partie de ce guide concernant la préparation mentale, gardez en tête que chaque étape est importante et représente déjà une avancée vers votre rêve, aussi : ne vous précipitez pas.

DÉBUTEZ MODESTEMENT

C'est mon dernier conseil : avant même de vous décréter aventurier ou explorateur, commencez modestement. L'humilité est une immense qualité dans la vie que vous allez mener. Le véritable apprentissage, c'est d'abord de parvenir à réaliser ce que vous aurez décidé de faire pour grandir ou pour modifier votre vie, de devenir une meilleure version de vous-même qui se sente capable de relever de nouveaux défis, y compris partir à l'aventure. Il ne s'agit pas de vous lancer à corps perdu dans le monde, de galérer, de vous maudire et de revenir sans avoir rien appris parce que votre objectif était trop ambitieux.

Allez-y marche après marche. Avant de grimper les plus hauts sommets de l'Himalaya, n'oubliez jamais qu'il y aura d'autres cols à franchir, d'autres montagnes à dompter. Moins hautes, moins escarpées, moins dures. Pour qu'un jour, si d'aventure vous décidez de triompher de l'Annapurna, du K2 ou de l'Everest, vous puissiez y parvenir. Partez en camping ou en trek pendant plusieurs jours avant de vous lancer dans un périple en pleine jungle ou en pleine montagne... Une fois que vous aurez atteint votre ou vos premiers objectifs, vous pourrez toujours en formuler de nouveaux, plus audacieux.

RENDEZ VOS OBJECTIFS MESURABLES

Il est important de pouvoir sentir que vous progressez concrètement. Pour cela, inscrivez-les dans le temps. Imaginez des étapes et des dates butoirs réalistes qui vous permettront de rester motivé.

Et si vous n'arrivez pas à atteindre le but que vous vous êtes fixé, modifiez-le, adaptez-le, décomposez-le en objectifs plus petits encore, si c'est nécessaire, ou trouvez-en un autre. Il n'y a jamais un seul chemin pour atteindre ses rêves.

Exercice

Faites des bilans réguliers

Prenez quelques minutes chaque jour afin d'établir les points forts et les points faibles du cheminement que vous avez entrepris. Je ne connais rien de mieux pour vous rendre compte de votre situation actuelle et de vos progrès : l'esprit s'entraîne, tout comme le corps se prépare et se transforme.

Allez, maintenant que vous êtes mentalement sur la bonne route, il est temps de se pencher sur la préparation physique…

La préparation physique

2

— FORGEZ-VOUS UN CORPS —

En expédition, votre corps peut devenir votre plus fidèle allié et votre meilleure chance de survie. Mais cette relation de confiance ne se bâtit pas seule. Elle demande son lot de temps et d'efforts. Car, à la moindre erreur, à la première imprudence et s'il est mal préparé, votre corps peut se retourner contre vous et s'effondrer face à l'adversité. Une préparation physique aboutie pourrait vous donner cette force incroyable dont vous aurez besoin pour aller de l'avant, cet ultime élan d'adrénaline ou ce regain d'énergie capable de vous sauver la vie.

Pour acquérir ce surplus de compétences, l'une des solutions que je préconise est de sortir des sentiers battus. Parce que cela vous permettra d'être efficace dans des conditions qui ne seront jamais celles que vous auriez pu connaître dans une salle de sport, un stade ou sur un court de tennis. Votre corps doit donc être formé pour répondre à des efforts différents de ceux que vous avez pu développer dans votre vie quotidienne.

Tracter un traîneau ou une luge pendant des jours, nager dans des eaux vives ou pas forcément transparentes, pédaler pendant des centaines de kilomètres dans la savane, grimper vers de hautes altitudes avec un sac à dos pesant... Pour cela, soyez acharné, motivé, dynamique et intransigeant sur la portée et le nombre de vos efforts. Et n'hésitez pas non plus à concevoir des exercices qui vous ressemblent : ce que l'on crée a toujours plus de valeur que ce que l'on suit.

1 Habituer, ou réhabituer son corps à l'effort

Avant de penser à développer ou solliciter votre corps, vous devez apprendre à connaître la relation que vous entretenez avec lui : vos habitudes, conscientes ou non, impactent quotidiennement votre corps. Tout entraînement doit donc commencer par un premier bilan qui fasse état de votre mode de vie et vous permette de savoir ce sur quoi vous devriez vous améliorer ou ce qu'il faut corriger, à commencer par les gestes de la vie de tous les jours.

AU DÉPART : IDENTIFIEZ VOTRE ROUTINE

La démarche est simple : une fois que vous avez pu mettre un nom sur l'objectif que vous voulez vous fixer, commencez par faire un état des lieux de la manière dont vous vivez au quotidien. Ce n'est pas extrêmement complexe, il suffit de répondre à quelques interrogations essentielles.

- Vous déplacez-vous toujours en voiture ?

Si la réponse est « plutôt en voiture », c'est un bon début. Je ne suis sûrement pas le premier à vous le dire, si vous utilisez votre véhicule à moteur pour tout et n'importe quoi, demandez-vous si, parfois, ce n'est pas plus simple de vous déplacer à pied ou à vélo.

- Prenez-vous l'ascenseur ?

Si vous habitez en ville et que vous logez ou travaillez en étage, posez-vous la question de savoir comment vous y accédez. Si vous avez tendance à appuyer négligemment sur les boutons de l'ascenseur, forcez-vous à prendre les escaliers, même pour monter au cinquième.

Demandez-vous ensuite quels seraient les petits plaisirs de la vie – je ne dis pas les addictions – qui vous comblent d'aise sans que vous ayez l'impression que cela vous pénalise parce qu'il ne s'agit que d'une habitude confortable ou d'une agréable routine.

- Les repas longs et gras ?
- Le vin ou la bière midi et soir ?
- Le café ?
- L'apéro ?
- Le tabac, un peu, beaucoup, trop ?

Dans ce cas, réduisez lentement votre consommation d'alcool ou de café, de sucre ou de sodas, et diminuez votre propension à allumer sans cesse cigarettes ou cigares. D'abord vos poumons ne vous en remercieront jamais assez, ensuite vous en distinguerez rapidement les bénéfices.

Mémo

Établissez vos priorités

Connaître votre routine vous permettra de l'ajuster progressivement à celle de votre exploration. Dans un premier temps, il vous faudra établir une liste précise de vos besoins, car toutes les expéditions ne requièrent pas les mêmes préparations physiques. Au moment d'établir cette liste, gardez en tête un facteur crucial : celui du temps. Il ne s'agit pas de vous précipiter, mais d'être stratégique et de bien choisir vos priorités. Certaines phases de votre programme vont nécessiter plus de temps que d'autres. Si vous n'êtes pas suivi par un professionnel, il vous faudra en tenir compte. Par exemple :

- **Travailler sa souplesse prend plus de temps que développer sa masse musculaire.**
- **Améliorer son endurance est l'une des étapes les plus chronophages.**
- **Apprendre de nouvelles techniques dépend des capacités de chacun, cela peut donc être relativement long.**
- **Prendre de la masse puis réaliser une sèche est une phase en deux temps qui doit se prévoir sur plusieurs semaines.**

ADOPTEZ LE RYTHME DE LA NATURE

Rien ne presse s'il faut partir de loin et agir progressivement, il convient surtout de ne jamais lâcher. Nous parlons d'un combat de longue haleine : la remise en forme est une lente montée vers l'objectif fixé. Avant de pouvoir descendre l'Amazone en hydrospeed, ma première grande aventure, 1 000 kilomètres de rapides, 6 000 kilomètres à palmer sur le plus grand fleuve du monde pendant six mois, il m'a fallu deux ans de préparation. Ce qui prouve qu'il n'est absolument pas nécessaire de se précipiter.

Si vous êtes prêt à sauter le pas, vous vous rendrez compte très rapidement de vos premiers progrès. Vous vous sentirez un peu plus à l'aise dans votre corps, un peu plus leste sans aucun doute, vous aurez une respiration moins haletante, peut-être perdrez-vous un ou deux premiers kilos superflus. Ce seront en tout cas les premiers signes du bon chemin que vous aurez commencé à emprunter.

LES 3 ESSENTIELS

Pour rester dans le domaine de l'acceptable, du possible et du réalisable, dites-vous que vous aurez besoin de trois qualités majeures. Les voici :

- Endurance : vous devez faire travailler votre cœur pour vous assurer qu'il sera prêt à répondre à toutes vos sollicitations une fois en exploration.
- Explosivité : si la nécessité s'en fait sentir, vos muscles doivent pouvoir vous fournir une réactivité optimale et répondre à tous vos besoins, même les plus inattendus.
- Agilité : développer votre polyvalence et la flexibilité de vos articulations vous permettra de sortir des situations les plus ardues.

En agissant sur ces points essentiels, vous constaterez des progrès rapides. Être entêté, assidu et volontaire ne sont pas des défauts lorsqu'il s'agit de préparer votre corps, à condition de ne pas vous blesser.

Exercice

Créez votre programme

Pour les développer de façon optimale, vous devrez élaborer un programme qui prenne en compte chacun de ces trois facteurs. Pour améliorer votre endurance, il vous faudra renforcer votre cardio ainsi que votre souffle. Un entraînement assidu et fractionné est de mise, constitué d'efforts et de périodes de récupération active. Combinez, par exemple, le vélo à des exercices de respiration comme le yoga. En ce qui concerne l'explosivité, pensez à inclure des exercices de renforcement musculaire. Quant à votre agilité, je vous recommande la pratique de sports collectifs, capables de stimuler votre réactivité face aux mouvements de vos adversaires ainsi qu'une bonne synchronicité avec vos partenaires.

PROGRESSEZ AVEC ASSURANCE

Commencez par faire une série de cinq (squats, abdos, pompes ou fentes). Le lendemain, faites-en une de plus, et ainsi de suite, vous verrez que cela n'a rien d'une punition ou d'une torture. À tel point que, très vite, votre propre corps en redemandera. Lorsque au bout de quelques semaines, vous serez arrivé à une cinquantaine – c'est encore un exemple –, essayez alors d'en faire deux séries, en vous octroyant quelques minutes de pause entre les deux. Puis passez à trois séries, à quatre...

Si je peux vous proposer de procéder ainsi, en revanche, je ne vais pas vous expliquer le positionnement du dos ou des reins pour faire une série de pompes, ni vous montrer le type de gestes à faire pour raffermir vos abdos, mais je peux vous rappeler de ne pas oublier de vous échauffer et de vous étirer... Pour le reste, c'est à vous de voir. Gardez surtout en tête que commencer petit n'empêchera jamais de devenir grand.

2 Pratiquer plusieurs activités

Les dernières semaines (parfois les derniers mois) qui précèdent une expédition, je m'entraîne encore plus pour affûter ma condition physique. Il ne s'agit bien sûr pas d'atteindre un niveau olympique, mais d'être en forme lorsque tout commence. Tout effort, peu importe sa durée ou son intensité, est bon à prendre car il vous rapproche de votre but. C'est pour cette raison que, de la même manière que je vous recommande d'ouvrir votre esprit pour aiguiser votre mental, je vous conseille de varier vos pratiques sportives afin d'entraîner votre corps et de continuer à y prendre du plaisir. L'effort sera parfois difficile, mais s'il est varié, il ne cessera jamais d'être stimulant, et d'autant plus efficace.

> *Le succès tiendra à la volonté et à la détermination avant tout, mais mon corps doit pouvoir suivre et relever les défis que je lui imposerai.*

VARIEZ LES PLAISIRS

Lorsque je prépare une expédition, je change tous les jours mes activités : un jour je prends mon kayak, le lendemain je monte sur mon VTT, le surlendemain je pars pour un petit trail. J'ai besoin de faire travailler toutes les parties de mon corps, et chaque discipline, dans sa singularité, apporte de l'eau à mon moulin.

Vous pouvez commencer à courir, à faire du vélo, à nager et à ramer. La multiplicité des activités rappelle en effet ce que j'ai pu connaître au cours de mes aventures. Lorsque j'ai effectué le tour du monde en suivant la ligne de l'équateur, j'ai marché, j'ai pédalé, j'ai navigué, j'ai grimpé, j'ai même pagayé... Ce fut dur, mais mon corps l'a supporté parce que je l'avais préparé à tous ces efforts. C'est aussi simple que cela.

Il faudra ajouter quelques autres exercices qui développeront harmonieusement votre musculature et solliciteront les zones que vous n'avez pas l'habitude de faire travailler. Pour cela le gainage, la musculation et la natation se montrent redoutablement efficaces.

Enfin, comme il est toujours plus facile de trouver du plaisir à une activité lorsque celle-ci est partagée, je vous recommande de pratiquer des sports collectifs. Le basket vous fera travailler vos appuis et votre vitesse là où le tennis vous aidera à développer votre sens de l'anticipation et votre souffle. Les relais vous encourageront à vous dépasser pour vos coéquipiers ; quant au handball, il améliorera votre motricité et votre agilité.

TRAVAILLEZ VOTRE AGILITÉ ET VOTRE ÉQUILIBRE

Si la masse musculaire est essentielle, il ne faut pas pour autant négliger votre agilité et votre souplesse. Un corps fort mais trop rigide pourrait vous poser problème en expédition. Il vous faut donc être aussi agile que possible en faisant de l'escalade ou en vous entraînant à grimper à un arbre. Doucement – en conservant toujours trois appuis : deux pieds et une main, ou deux mains et un pied, vous ne tomberez pas –, commencez à grimper. Mais n'essayez pas d'aller toucher le soleil, montez de quelques mètres, arrêtez-vous, regardez, analysez, et puis redescendez. Quand vous serez plus à l'aise, vous pouvez vous laisser suspendre pour vérifier votre prise, tenter d'attraper une branche plus haute ou moins accessible qui vous demandera peut-être un effort de contorsion. Vérifiez toujours vos appuis et assurez-vous que les branches peuvent supporter votre poids. La fois suivante, tentez de grimper un peu plus haut. Vous verrez, cet exercice pourra vous être d'un grand secours, c'est moi qui vous le dis...

Rester au sol ne vous empêche pas de faire travailler vos articulations. Renseignez-vous sur les façons d'exercer vos genoux, vos chevilles et vos poignets avec des exercices de flexion, d'équilibre ou d'étirement.

CHOISISSEZ VOTRE CADRE D'EXERCICE

Honnêtement, je ne suis pas un grand fan des salles de sport. Mais si vous en avez une à proximité de chez vous et que vous vous y sentez bien, à la fois par la grâce de ses animateurs et des conseils qu'ils vous prodiguent, n'hésitez pas.

Je préférerais presque ces salles de *CrossFit*, c'est le nom désormais officiel, dans lesquelles vous pourrez travailler un peu de la même manière que je le fais.

En ce qui me concerne, je n'ai pas besoin de ce type de salles, parce que j'ai pratiquement toujours eu la chance d'habiter en pleine campagne. Je vis aujourd'hui en Suisse au-dessus du lac Léman, dans les vignes et face aux Alpes françaises. J'utilise donc ce que la nature met à ma disposition pour me préparer.

Je cours ou je pédale en forêt, je nage dans les cours d'eau, je peux aller ramer ou naviguer un peu partout et l'hiver, je peux partir à ski ou avec des raquettes. La nature est à la fois mon terrain de jeu, mon terrain d'entraînement et le théâtre, ou plutôt le temple de rêves dans lequel il m'est agréable de me fondre.

Mémo

Qu'est-ce que le *CrossFit* ?

C'est d'abord le nom d'une société qui a mis sur pied ce concept de « cross-fitness », un entraînement croisé qui mélange des activités physiques et sportives déjà existantes. Les adeptes de cette discipline courent, rament, grimpent à la corde, sautent, utilisent et déplacent surtout de lourds objets de la vie quotidienne que l'on peut trouver un peu partout, des sacs de sable, des longues cordes, des pneus.

Cela ressemble à ces clubs de gymnastique que l'on trouve souvent en Afrique du Sud, où, par manque d'argent, c'est le règne de la débrouille et de la récup'.

Des jantes de voitures, des essieux, des disques de ciment, tout est bon à prendre pour concevoir des ustensiles qui permettront aux pratiquants de développer leur endurance, leur force, leur souplesse, leur puissance, leur vitesse, leur agilité, leur psychomotricité et l'équilibre de leur corps, tout comme la précision quasi chirurgicale des gestes que leur apporte cette pratique inspirante.

Nous n'en sommes pas là, mais s'il existe un centre près de chez vous, n'hésitez pas à y entrer, vous serez scotché par ce qu'il s'y passe. Dans la bonne humeur souvent.

Mémo

Profitez de votre environnement

Puisque l'idée première consiste à utiliser toutes les facilités que nous offre la vie, que vous viviez en ville (pour le plus grand nombre) ou que vous ayez la chance de vivre à la campagne, près d'une forêt ou à proximité d'une rivière, détectez les endroits qui pourraient être susceptibles de vous accueillir. En ville, les jardins publics sont souvent équipés d'aménagements sportifs : barres asymétriques, barres parallèles, échelles de suspension, parcours de saut, haies ou agrès sont accessibles gratuitement. Et si vous ne disposez pas de ce genre d'équipement, monter et descendre des escaliers ou faire des pompes en appui sur un banc public fera très bien l'affaire.

3 Utiliser l'équipement à portée de main

J'insiste, vous n'avez pas besoin de machines bien huilées, d'haltères resplendissants, de tapis de sol ou que sais-je encore pour progresser. Il suffit de réfléchir à ce que vous avez chez vous. On se laisse parfois décourager en s'imaginant la quantité ou le coût du matériel à se procurer pour s'entraîner. Or, je suis de ceux qui considèrent qu'avec un peu d'inventivité et d'astuce, n'importe quel objet du quotidien (bouteilles d'eau, cordes, chaises…) peut convenir pour votre préparation physique. Votre environnement sera toujours votre plus grand atout. La nature, par sa générosité et ses possibilités, doit devenir le socle de vos entraînements pour que, plus tard, elle soit le réceptacle de vos réussites.

LE TRACTAGE

Pour entraîner mon corps lorsque je me prépare à traverser les pôles, parce que je sais que, là-bas, je vais passer des mois à tirer un traîneau sur un terrain bosselé, j'utilise un harnais d'alpiniste ou de planche à voile. Mais si vous n'en avez pas, vous pouvez faire ce que je faisais au début : prendre deux sangles d'un sac à dos modifiées et adaptées à ma morphologie pour tirer la charge non seulement avec le bassin, mais avec les épaules et le dos... Je récupère ensuite quelques vieux pneus dans mon garage, j'en attache deux ou trois ensemble, je les fixe sur mon harnais et je tire comme si je tractais un traîneau... L'effort que je fais et la force que m'oppose ce curieux attelage de pneumatiques ressemblent à s'y méprendre au frottement que ma luge fait sur la glace.

Je peux dès lors aller m'entraîner sur la route qui passe derrière la maison et qui monte et descend, essayer de suivre un chemin plus caillouteux, voire monter des escaliers. (Ne croyez pas que les pôles sont de larges étendues plates et lisses, c'est tout le contraire.) Tout votre corps va travailler, vos muscles bien sûr, mais aussi votre cœur et votre esprit au fur et à mesure que vous ferez durer cet exercice qui fait accélérer pulsations et palpitations.

Vous aurez peut-être le sentiment de devenir une bête de somme dont le boulot consiste à tirer une charrue du matin au soir. Mais c'est le but recherché, car telle est la réalité d'une expédition en Arctique ou en Antarctique...

LA COURSE LESTÉE

Vous pouvez remplir votre sac à dos avec des pierres ou des bouteilles pleines d'eau. Quant à moi, j'utilise quatre bidons de 10 litres, je porte donc une bonne quarantaine de kilos. Ensuite, c'est au choix, vous pouvez partir pour un petit jogging ou, pour travailler votre souffle mais aussi votre explosivité, vous pouvez emprunter des marches d'escalier en augmentant la cadence à chaque montée. Lorsque j'arrive à la fin de ma session, je vide les bidons et je redescends le sac vide. Cette discipline de dépassement de soi, ces exercices qui consistent à se promener avec des bidons ou un sac de ciment de 50 kilos toute la journée ne sont qu'une infime partie de ce qu'il vous faudra faire, mais le fait de savoir que vous pouvez le faire deviendra rapidement une preuve irréfutable de vos progrès.

Mémo

Ménagez votre santé

J'ai conscience que ce type d'exercice n'est pas à la portée de n'importe qui et il est toujours important de consulter votre médecin en amont. Si, sur le papier, s'exercer en autonomie est à la portée de tous, le risque de se blesser est aussi vite arrivé. Ne perdez jamais de vue que ces exercices doivent toujours être appliqués à votre propre condition physique et votre état de santé. Prenez en considération votre gabarit pour choisir les poids qui vous correspondent et augmentez progressivement. Ou encore, si vous avez le dos fragile, privilégiez par exemple la nage plutôt que de porter des poids…

LA NAGE EN EAU FROIDE

Outre le travail avec les pneus, puis avec les bidons ou le sac de ciment, si une rivière passe à proximité de chez vous – et si elle descend d'une montagne, c'est encore mieux –, essayez d'aller y nager. Pourquoi je me baigne régulièrement dans l'eau froide ? Pourquoi, l'hiver, je vais m'assoir en maillot de bain sous les cascades glacées qui, à côté de ma maison, jaillissent des sommets avant de se jeter dans le lac Léman ? Pour habituer mon corps, évidemment, mais aussi, comme toujours, pour sortir de ma zone de confort.

Tous ces instants où je nage dans une rivière très froide, ou lorsque je reste vingt à trente minutes sous des trombes d'eau glacée, je dirais que c'est aussi un exercice pour « vivre plus largement », comme je le recommande toujours. Ouvrez les frontières de vos territoires intérieurs, allez chercher au fond de vous-même ce petit supplément d'âme qui vous fera réaliser l'impossible. C'est autant une façon de préparer votre corps que de stimuler votre esprit.

Lorsque je me retrouve au pôle Nord et que la banquise se brise sous mes pieds, ou lorsque je tombe par inadvertance dans un trou d'eau, ce n'est pas une sensation nouvelle pour moi. C'est un ressenti que je connais, car je l'ai déjà pratiqué. Je ne suis pas surpris par la température de l'eau, parce que je la connais et que je m'y suis préparé. En vous plaçant sciemment dans des situations d'inconfort, vous entraînez votre mental à ne pas paniquer et vous habituerez votre corps à ne pas se retrouver en état de choc.

Mémo

Soyez entourés et encadrés

Avant de vous lancer, commencez peut-être simplement par une bonne douche glacée tous les matins au réveil, en hiver, pour voir ce que cela donne. Parlez-en aussi autour de vous et racontez à vos proches les axes d'entraînement que vous avez mis en place pour vous préparer. C'est là un conseil important, ne faites jamais rien tout seul. Je suis un aventurier et un explorateur solitaire depuis une bonne trentaine d'années, mais je crois que je suis aussi, un peu, une exception. Surtout n'oubliez pas qu'une aventure ou qu'une préparation peuvent – et idéalement, devraient – s'effectuer à plusieurs. La force collective peut se révéler un formidable moyen de ne pas connaître de baisse de régime, de manque de combativité ou d'envie de tout envoyer balader.

Quoi qu'il en soit, lorsque vous commencerez à pratiquer des entraînements un peu plus délicats, et si, malgré tout, vous avez décidé de partir seul, dites-le à ceux qui vous entourent, tenez-les au courant de ce que vous avez prévu de faire, c'est là encore une exigence primordiale et une sacrée garantie si jamais il vous arrivait quelque chose.

COMBINEZ L'EFFORT À LA SURVIE

Au fur et à mesure que vous vous approcherez de la date du départ, lancez-vous des défis encore plus ambitieux qui vous obligeront à sortir plus encore de votre zone de confort : on peut toujours aller plus loin autrement qu'en tirant des pneus ou en se baignant dans l'eau glacée. Testez-vous en construisant un abri afin d'y passer une ou plusieurs nuits, en marchant pendant tout un week-end sans vous arrêter avant de dresser votre tente loin de toute habitation, en roulant à vélo pendant des heures sous une pluie d'automne, froide et persistante, tout en restant assez concentré pour repérer les meilleurs spots où établir votre camp...

L'idée, c'est de faire des exercices toujours plus variés, avec des contraintes de plus en plus sévères pour apprendre à repousser ses limites. *Learning by doing* disons-nous en anglais, langue qui a le sens du raccourci et du mot juste : c'est en faisant qu'on apprend le mieux.

> *Si vous voulez véritablement devenir un aventurier, apprenez à vivre au-dessus de vos moyens, sublimez vos aversions, allez faire des choses que vous n'aimez pas, ou que vous préféreriez ne pas faire...*

Mémo

Rigueur ne veut pas dire privation

En attendant, et seulement si vous avez bien travaillé, vous pouvez lire le passage ci-dessous, c'est un petit secret qui doit rester entre vous et moi :

J'aime aussi profiter de la vie, et si je vous ai dit au début de ce chapitre de faire attention à ce que vous mangez ou à ce que vous buvez, ma vie n'est pas synonyme de privations perpétuelles et d'austérité éternelle. Même lorsque je me prépare, il m'arrive de partager de bons repas avec ma famille ou mes amis, et je ne dirai jamais non à un bon vin, millésimé ou pas, qui accompagnera ma fondue au fromage ou ma côte de bœuf bien saignante. L'entraînement, malgré ses contraintes, doit rester un plaisir et ne pas devenir une punition. Tout cela paiera un jour ou l'autre !

4 Développer son apport nutritionnel

Préparer son corps, ce n'est pas seulement s'attacher à développer ses muscles, son cœur et son agilité : partir pour un voyage aventureux lointain et de longue durée nécessite aussi d'entraîner, voire de modifier son métabolisme pour apprendre à fonctionner différemment, notamment lors d'une expédition polaire ou alpine, dans les grands froids et les températures bien au-dessous de zéro. Lorsque je pars en activité, je peux rester sans manger pendant cinq jours si je veux, ou même dix jours si j'ai à boire. Je suis nickel, parce que je sais que mon corps va se nourrir de lui-même. C'est parce que leur estomac est vide que les gens pensent qu'ils ont faim. La réalité est bien différente, je peux vous l'affirmer, oui l'estomac est vide parce qu'il n'a pas eu sa ration quotidienne de nourriture, mais il y a encore de quoi manger à l'intérieur du corps. C'est pour cela qu'il ne faut pas s'inquiéter.

MULTIPLIEZ VOTRE APPORT CALORIQUE

Dans notre vie de tous les jours, la science prétend qu'un adulte doit ingurgiter entre 2 000 et 3 000 calories par jour. C'est déjà pas mal, mais c'est notoirement insuffisant lorsque vous vous activez comme un forcené sur les routes que vous aurez choisi de prendre.

Lorsque je suis en expédition polaire, comme je me dépense considérablement, il me faut au bas mot entre 6 000 et 8 000 calories par jour, voire 12 000 dans le froid extrême des confins du monde. Pour cela aussi, il faut s'entraîner. Si vous ne vous préparez pas convenablement avant de partir, dès le premier jour, lorsqu'il vous faudra manger l'équivalent des calories que vous allez brûler dans la journée, vous n'y parviendrez pas. Après avoir avalé vos 2 000 ou 3 000 calories habituelles, vous ne pourrez plus rien avaler. C'est pour cela que l'estomac doit, lui aussi, être entraîné pour absorber les grandes quantités de nourriture nécessaires pendant votre expédition. Il faut notamment qu'il apprenne à recevoir et à gérer le double, voire le triple des calories auxquelles il a droit dans une vie « normale » et avec des aliments dont il n'a pas toujours l'habitude. Lorsque, par exemple, je suis dans ces latitudes frigorifiantes, je bois environ un demi-litre d'huile d'olive par jour parce que c'est gras, liquide et plein de lipides (et que je peux en emporter une grande quantité, car en général j'avance en tractant un, voire deux traîneaux…).

Mémo

Sollicitez l'avis de professionnels

Vous pourrez ainsi repousser encore vos limites. Sinon, vous aurez du mal à les dépasser. Mais, là encore, je ne cesserai de le répéter, cela nécessite de la pratique, de l'entraînement, et de la discipline… Il est aussi capital de consulter au préalable l'avis d'un professionnel et d'entamer un régime ou prise de masse de manière suivie et encadrée pour prévenir tout risque de carences ou de troubles du comportement alimentaire.

Exercice

Préparez votre estomac

Partir en expédition rime souvent avec situations extrêmes. Il est donc fort probable que vous vous retrouviez en pénurie de nourriture ou, à l'inverse, qu'il vous faille consommer des quantités bien supérieures à la moyenne pour survivre dans votre nouvel environnement. Gérer ces extrêmes nécessite une préparation pour ne pas vous laisser surprendre. Il est impératif que vous sachiez de quoi votre corps est capable, du maximum de nourriture que vous pouvez ingérer jusqu'à la période durant laquelle vous pouvez tenir sans vous nourrir. Il ne s'agit bien sûr pas de vous affamer, mais d'explorer ces sensations pour qu'elles vous deviennent familières le jour venu. Essayez de jeûner quelques jours pour découvrir cette nouvelle sensation. Entraînez-vous également à vous nourrir de la même façon que vous le ferez pendant votre expédition. L'essentiel est de garder votre régime alimentaire varié et aussi riche que possible. Prenez également l'habitude de réaliser des efforts intenses après avoir mangé en grande quantité. Allez courir, ou faites une centaine de kilomètres à vélo, ou ramez pendant quelques heures avec énergie. Cela pourrait s'apparenter à une forme de torture, mais il s'agit simplement d'apprendre à apprécier des choses que vous pourriez détester dans votre vie normale... C'est de cette manière que vous mettrez en lumière le potentiel sans fin que vous offre le corps humain.

5 Réfléchir à son alimentation

Prendre de la graisse, ou de la masse si vous n'aimez pas ce terme, et habituer son corps, ça, c'est pour la phase de préparation. Mais quand je pars à l'aventure, il me faut aussi prévoir mon alimentation sur place. J'ai maintenant acquis certains réflexes, surtout lorsque je sais que je vais vivre dans des conditions extrêmes. Je dois calculer d'abord ce qu'il me sera nécessaire d'emporter en ajoutant toujours cinq ou six jours supplémentaires par mois, au cas où... Je ne l'ai jamais regretté même si, et c'est le paradoxe, en emportant plus de nourriture, le poids total augmente et donc mes efforts également, ce qui me fait consommer plus de calories... Je ne parlerai pas de cercle vicieux, car le vice n'existe pas dans les déserts glacés !

GÉREZ VOS RESSOURCES EN EXPÉDITION

Il va vous falloir également apprendre à gérer votre façon de vous nourrir au quotidien. Que je parte seul, ou à deux comme avec Børge Ousland lorsque nous nous sommes rendus au pôle Nord que nous avons traversé de nuit, je prépare des rations pour vingt-quatre heures. Mais parfois, cela ne nous a pas suffi, la nourriture, notre essence, notre carburant est même venu à nous manquer. Qu'avons-nous fait alors ? Nous avons d'abord partagé ce qu'il nous restait. Nous nous y étions préparés et même si cela n'avait pas été le cas, nous aurions très rapidement abouti à cette solution. Parce que c'était la seule si nous voulions conserver un mince espoir de nous en sortir.

Pour vingt-quatre heures, nous avions prévu cinq rations, ce qui est le nombre classique : deux repas chauds, un le matin et un le soir et des snacks, graines, noix, chocolat, beurre de cacao pour le reste de la journée. Pourtant, pendant que nous avancions, nous n'en mangions que la moitié. Et donc nous ne consommions que la moitié du carburant nécessaire à nous faire progresser. Que se passa-t-il alors ? Au fur et à mesure que nous cheminions, certes nous économisions de la nourriture, mais la fatigue se faisait diablement sentir. Nos corps avaient intensément faim et nous nous forcions à ne leur fournir que la moitié de ce dont ils avaient besoin et si ça se trouve, à continuer de cette façon, nous allions crever de fatigue avec de la nourriture dans nos luges... J'avais l'impression que nous étions devenus idiots.

Nous en avons parlé avec Børge et mon point de vue l'a emporté. Je lui ai dit que nous étions certes dans la merde, mais qu'il fallait néanmoins que nous mangions deux fois plus, que nous consommions deux fois plus d'essence, parce que maintenant, si on voulait atteindre notre but, il nous fallait surtout de la force... Mon camarade s'est rendu à mon avis, et nous sommes arrivés, tant bien que mal, au bout de notre histoire.

Exercice

Rationnez vos repas

Avant de vous lancer dans l'expédition que vous projetez, apprenez à vous nourrir comme si vous y étiez déjà. Car se nourrir peut vite devenir une obsession. Il va falloir vous résoudre à varier et à équilibrer vos repas, mais surtout à calculer vos rations quotidiennes, c'est la certitude de ne manquer de rien sur la durée prévue. Enfin, normalement. Donc, un bon repas chaud le matin, un autre le soir, de l'activité pendant la journée si vous le pouvez, entrecoupée, sans vous arrêter longtemps, de moments rapides de snacking. Avec des aliments riches en calories, noix de macadamia, chocolat, barres de céréales, poissons séchés, fruits confits… Oubliez toutes les règles usuelles, le salé d'abord, le sucré ensuite, vous pouvez alterner, mélanger, broyer ensemble. Lorsque vous serez dans la réalité, vous verrez que vous n'aurez pas toujours le temps de faire la fine bouche. L'aventure n'est pas le nom d'un restaurant gastronomique devant lequel vous prendrez plaisir à vous attabler.

6 L'hydratation, une constante essentielle

Inutile de le rappeler car nous le savons tous, sur cette bonne vieille planète, l'eau est indispensable à la vie. N'oubliez pas que plus de 65 % de notre corps est constitué de cet étonnant liquide et que, si dans une journée normale nous pouvons en perdre jusqu'à trois litres, dans une forêt tropicale ou dans un désert de sable, c'est infiniment plus. Sans pouvoir être plus précis car au cours de mes diverses explorations, je ne suis jamais parvenu à comptabiliser les litres de transpiration évaporés... Quand on ne trouve pas à manger, il est important de toujours boire pour avoir suffisamment d'énergie pour tenir la journée. Face à des températures de 35 °C avec 100 % d'humidité, le corps transpire tout de suite... Il faut remplacer cette eau. C'est le premier challenge. Il faut savoir aussi qu'à l'intérieur de notre corps, c'est même un cycle permanent qui déroule son rythme parfaitement défini : pratiquement la totalité de l'eau qui y circule se renouvelle en une cinquantaine de jours. Que nous venions à manquer de liquide pour perpétuer ce fonctionnement et les effets peuvent se faire ressentir rapidement. Nos performances vont baisser, notre sensation de bien-être aussi, même si cela n'est guère important dans les projets que nous comptons réaliser. Quant à notre humeur, elle peut également être sujette à des sautes pas toujours bienvenues. Juste parce que nous manquons d'eau !

MAINTENEZ VOTRE TAUX D'HYDRATATION

Pour vous y préparer, mes conseils sont on ne peut plus simples, peut-être même les appliquez-vous déjà. Dès le matin, il n'y a pas plus sain que de boire un verre d'eau pour se nettoyer des toxines accumulées durant la nuit. C'est aussi une sorte de signal pour « mettre en marche » tranquillement votre organisme.

Boire avant d'avoir soif est la deuxième règle, c'est celle des grands sportifs, cyclistes, joueurs de tennis, qui évitent ainsi ce qu'ils appellent communément la déshydratation, fatale bien souvent lorsque se profile une arrivée d'étape, ou un match en cinq sets. L'idéal est de boire quotidiennement 2 à 3 litres d'eau, ou leur équivalent (jus, bouillons, boissons chaudes). En vous rappelant également qu'il faut boire pendant l'effort, qu'il soit physique ou intellectuel, avant même d'avoir soif. Il faut donc prendre l'habitude de vous désaltérer tout au long de la journée.

Apprenez aussi à calibrer vos apports en eau en fonction des efforts que vous déployez. Tout le monde le sait, l'eau perdue sous forme de sueur doit être compensée afin, là encore, d'éviter le risque de déshydratation. Pour qu'un athlète de 70 kilos ait envie de boire, il faut qu'il ait déjà perdu 1,5 litre d'eau. À ce stade, selon les médecins, ses performances sont pourtant déjà altérées de 20 %. Malheureusement vient se greffer là-dessus un facteur limitant la réhydratation : il s'agit des capacités d'absorption de notre intestin qui sont d'environ un litre par heure. Apprenez donc, car cela vous concernera forcément, qu'une bonne hydratation doit débuter trois heures avant la pratique d'une activité sportive. Et si vous partez pour une séance d'entraînement intensive, pensez bien à prendre un litre d'eau supplémentaire par heure d'exercice. Dans la phase de récupération, vous pouvez d'ailleurs privilégier les eaux plus fortement minéralisées et les bouillons, bio de préférence. Même si vous n'êtes pas sûr d'en trouver l'équivalent lorsque vous partirez en expédition.

Mémo

Identifiez vos besoins en eau

Petit conseil qui a son importance : buvez en sachant ce que vous buvez. Vous aurez bien le temps, une fois parti, de découvrir que l'eau n'est pas toujours facile à trouver, qu'elle n'est pas forcément d'une grande pureté et peut même contenir quelques saloperies tout à fait capables de vous mettre à plat. En attendant, même si je ne vous le souhaite pas, si vous avez des problèmes d'hypertension ou rénaux, évitez les eaux minérales qui contiennent de forts pourcentages de sels minéraux.

S'il fait chaud, évitez de boire trop frais ou glacé, car cela peut entraîner des troubles digestifs et désaltère même moins bien qu'une boisson chaude. Favorisez les boissons chaudes qui, en maintenant votre température, vous feront moins transpirer.

Enfin, et c'est quelque chose dont j'ai maintenant l'habitude, si vous en avez la possibilité, sachez distinguer la couleur et l'odeur de vos urines, elles peuvent être un parfait indicateur d'une bonne ou d'une mauvaise hydratation. Un pipi jaune transparent indique que vous faites les choses comme il faut, s'il est jaune un peu foncé, tout est normal, mais votre urine contient tout de même un peu trop d'urobiline, le pigment qui lui donne sa couleur, un grand verre d'eau serait le bienvenu. Si votre urine est jaune, mais trouble, cela peut être un signe d'infection urinaire, et si elle est complètement transparente, cela peut indiquer au contraire que vous buvez un peu trop d'eau.

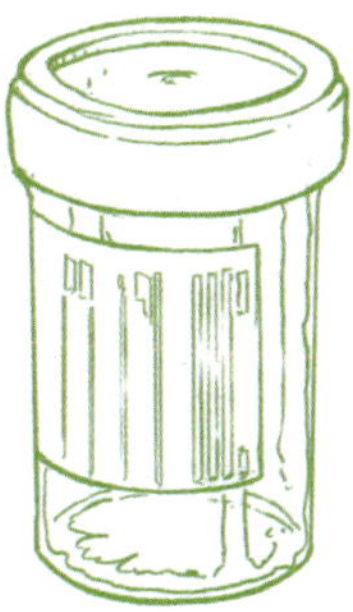

Exercice

Buvez de manière stratégique

Apprenez à boire beaucoup, voire des litres d'eau. Vous verrez que toutes les deux heures vous aurez envie de faire pipi. Pour ceux qui souhaitent aller encore plus loin, essayez de faire cela la nuit, couchez-vous, munissez-vous d'une petite bouteille, ou d'un urinal si vous êtes de la gent féminine, et quand l'envie se fait ressentir, évacuez ainsi votre urine. Vous pourrez même garder un moment, et une fois bouchés, la bouteille ou le récipient près de vous, vous verrez la chaleur qu'ils dégagent et l'utilité qu'ils peuvent avoir sous une tente par – 20 °C, – 30 °C ou – 40 °C. L'urine qui sort à 37 °C alors que vous tentez de vous réchauffer dans un sac de couchage à l'intérieur duquel il fait – 18 °C a des vertus éminemment calorifères, c'est moi qui vous le dis...

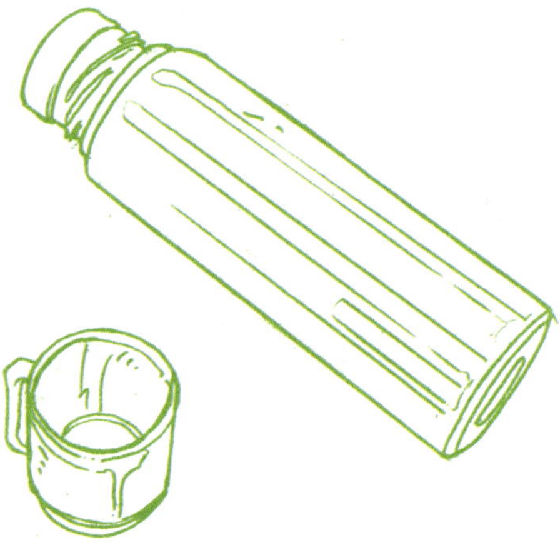

7 Influer sur son sommeil

Les marins solitaires, ceux qui partent faire le tour du monde, sont sans doute les meilleurs pour trouver le sommeil quand ils le veulent et, surtout, pour n'utiliser que le sommeil profond, celui qui permet au corps de se régénérer – à terre, ils ont appris à faire des microsieste d'une vingaine de minutes – tout en restant connectés au bateau qui avance. Si les mouvements de la houle, les bruits, les chocs restent perceptibles au skipper, il en profite pour recharger ses batteries.

Dormir, ce n'est pas se poser sur un lit, fermer les yeux et attendre que Morphée vienne t'enlacer sans imaginer un seul instant qu'autour de toi, la vie continue. J'ai donc dû apprendre à me reposer mentalement et physiquement tout en gardant mon corps en alerte, comme si je volais du temps de repos au temps réel.

> *Il faut savoir que pour s'acclimater à un environnement, que vous ne connaissez pas, souvent hostile, il ne faut pas aller trop vite, comme toujours. La clé du succès commence dès le premier jour. Il faut se ménager des temps de repos. Le sommeil est primordial si on veut tenir en expédition, surtout quand on débute.*

CALIBREZ VOTRE RYTHME BIOLOGIQUE

En règle générale, j'essaie de dormir cinq heures par jour. C'est une durée de sommeil idéale pour quelqu'un comme moi, mais c'est peu pour une personne qui n'a pas l'habitude de déployer une activité de longue haleine. Pour quelqu'un qui se lance dans une aventure quelle qu'elle soit, je dirais qu'il faut essayer de dormir au moins six à huit heures par nuit. Ce n'est que comme ça que l'on récupère. Il ne faut pas dormir peu en pensant que le temps gagné permettra d'avancer plus : lorsque vous manquerez de sommeil, tout votre corps le ressentira et vous n'avancerez pas aussi vite que vous l'imaginiez. Une heure de sommeil supplémentaire, en revanche, fera la différence.

Lorsque je marche sur une distance d'environ 20 kilomètres par jour, tranquillement, je peux augmenter la distance en dormant une heure de plus. Dans les conditions de froid extrême, je suis capable d'atteindre une trentaine de kilomètres. Et quand je parle de conditions extrêmes, j'ai établi mes propres critères relatifs à la température extérieure : à – 40 °C, je peux dormir cinq heures par jour, parce que, en cinq heures, je vais brûler 2 000 calories. Quand il fait – 50 °C, je ne vais dormir que quatre heures, le temps qu'il me faudra pour brûler le même nombre de calories.

Je vous parle là d'un aventurier professionnel, rompu à cette vie en perpétuelle adaptation. Pour quelqu'un qui débute, le mieux est avant tout d'essayer de dormir tranquillement, de prendre le temps d'écouter vraiment le message que votre corps vous envoie. Et d'en profiter aussi, lorsque vous serez mentalement fatigué, des tempêtes, des coups de vent et des situations délicates, pour rester sous votre tente. Vous pourrez normalement y dormir et récupérer un peu de jus. Et je parle en connaissance de cause, soyez-en sûr !

Mémo

Saisissez les instants de repos

Attention, quand j'évoque le mot aventure ou celui d'expédition, il faut bien comprendre que je mets souvent en avant les périodes délicates, les moments de galère, mais ce n'est pas toujours le cas. Je ne souffre pas perpétuellement, je dispose même de moments plus agréables que d'autres. C'est dans ces moments-là, quand l'existence paraît presque facile, qu'il faut en profiter pour se reposer. C'est simple, il suffit de se poser, de respirer, de se ressourcer avec l'énergie qui flotte autour de vous, de regarder ce nuage là-bas, qui bouge et semble vivant, de se laisser prendre au jeu de la beauté et du sublime.

Parfois, les gens que je croise me demandent pourquoi je fais ça, quel plaisir cela me procure. Je ne sais pas si ce que je leur réponds comble leur attente, mais je leur dis simplement que là où je suis allé, et parce que c'est mon état d'esprit que de déceler la beauté là où elle se trouve, j'ai vu les plus beaux endroits du monde. Rien que cela mérite tous les efforts déployés.

8 Puiser ses forces dans sa détermination

L'énergie est une source vitale et c'est elle qui, bien souvent, nous fait aller au-delà de nos rêves. Mais la fatigue vient parfois laminer les forces que nous possédons tous et nous incite d'abord à laisser filer, puis à croire que la fin est proche.

Nous ne sommes pas indestructibles, moi le premier, alors j'essaie de trouver chaque fois le bon équilibre entre la fatigue physique et la fatigue mentale, qui à un moment ou à un autre viendra frapper à la porte. Je me raisonne lorsque j'ai des soucis, lorsque je souffre, je me convaincs que le verre n'est jamais ni à moitié vide ni à moitié plein, mais qu'il est tel que je le vois, c'est la différence entre l'optimiste, le pessimiste, et moi, le réaliste… Je me persuade en tout cas que ce verre est suffisamment solide pour que ne se brise jamais le souffle de vie qui me sépare de la mort. Car, au gré de mes aventures, je sais que j'ai maintes fois été proche de faire le dernier saut. Pour de multiples raisons : j'ai failli être fusillé, la banquise s'est rompue sous mes pieds, des avalanches m'ont frôlé, des serpents m'ont mordu, j'ai croisé des crocodiles géants sous l'eau, des ours polaires se sont approchés de ma tente…

Il m'a simplement suffi de trouver un juste équilibre entre l'énergie déployée pour avancer, et les forces à préserver pour que l'aventure continue.

L'IMPORTANCE DE SE CONNAÎTRE SOI-MÊME

Quel que soit l'endroit du monde où je suis, il me faut à tout prix conserver mes forces. L'aventure, le voyage ou l'exploration ne supportent pas l'arrêt. S'arrêter, c'est renoncer, renoncer, c'est se laisser mourir. J'ai donc appris à endurer la fatigue, le trop-froid, le trop-chaud. Je ne prétends pas être le spécialiste de la montagne, ni des régions polaires, des déserts ou des toundras, mais je me connais et j'essaie de toujours rester le même. Je connais mes limites et, si je pars, c'est avec elles. Je sais quand je suis fatigué, quand j'ai froid, quand c'est difficile. Cela ne me sert à rien de me plaindre ou de me lamenter parce que j'ai choisi de faire ce que je fais.

Et même quand je fais une exploration avec une autre personne et que je suis fatigué ou que j'ai faim, je sais que l'autre personne ressent la même chose que moi. Alors à quoi cela me servirait-il de me plaindre ?

La survie s'apprend avant tout par soi-même, par l'expérience de situations qui nous poussent dans nos retranchements et nous révèlent. Pour cette raison, le terrain sera toujours votre premier mentor. C'est ce que vous allez vivre qui vous montrera quelle capacité vous avez à faire face à l'inattendu, au surprenant, au dangereux. Vous en apprendrez alors sur vous-même beaucoup plus que vous ne pouvez l'imaginer. Et en connaissant vos réactions dans ces situations, vous pourrez vous y préparer et y faire face la fois suivante.

9 Se préparer aux premiers jours

Malgré tous les efforts physiques et mentaux entrepris depuis des semaines, voire des mois pour vous retrouver au top, vous ne pourrez sans doute pas arriver à 100 % en forme avant votre expédition. La longueur d'un voyage, le stress d'avant départ, les premières nuits à se morfondre, les questionnements, vais-je y arriver ou pas ? Tout cela va forcément jouer sur votre équilibre psychique et physique, ne soyez donc pas surpris de ressentir une impression de fatigue, ou de lassitude, pendant quelques jours. Pas d'inquiétude, il est normal de ne pas se sentir à l'aise, notamment parce que le milieu dans lequel vous allez évoluer n'est pas un milieu que vous connaissez bien. Se retrouver en haute altitude, dans une jungle humide, dans un désert de glace ou sur un océan n'est pas classique, encore moins habituel. Il vous faudra, mais à moi aussi, rassurez-vous, un temps d'acclimatation.

L'ACCLIMATATION CONTRIBUE À VOTRE PRÉPARATION

Je me suis souvent demandé pourquoi je ne pouvais pas arriver en totale possession de mes moyens physiques avant une expédition et puis j'ai compris que ce n'était pas plus mal. Parce que pour une expédition qui est prévue sur la durée, si vous êtes déjà au sommet de vos capacités, vous risquez d'être plus tôt confronté à vos limites. Pour mon tour du cercle arctique polaire, qui a duré deux ans et trois mois, arriver au sommet de ma forme n'aurait pas été un avantage. Les trois premiers mois de l'expédition n'ont servi qu'à poursuivre ma préparation. Je savais au plus profond de moi-même qu'il fallait que je me préserve, que j'atteigne ce pic un peu plus tard et que je puisse ensuite le conserver le plus longtemps possible. Si j'étais arrivé trop entraîné, au top de ma forme, j'aurais atteint ce pic trop tôt, et je n'aurais sans doute pas pu tenir la distance.

Mémo

Régulez votre progression

Au cours des premiers jours d'une aventure, il faut se ménager physiquement, développer sa cadence et réguler ses efforts en marchant à une allure moyenne pour pouvoir augmenter son rythme progressivement. Ne pas démarrer trop vite, trop fort, c'est la première règle d'or. Comme lorsque vous courez un marathon, si vous partez à une allure trop soutenue, gagné par l'euphorie du moment présent, même si vous vous êtes très bien préparé, c'est la garantie d'avoir un passage à vide, ou pire de devoir abandonner avant même d'avoir atteint le 36e kilomètre.

ADAPTEZ-VOUS À VOTRE ENVIRONNEMENT

À la différence d'une course longue distance disputée sur du bitume, l'acclimatation dépend évidemment des milieux, déserts, jungles, océans, que vous vous apprêtez à fréquenter pendant une période assez longue. Il faut donc savoir s'adapter selon l'environnement que vous allez trouver devant vous. J'en parlais récemment avec un jeune homme qui regrettait d'être sujet au mal de mer. Un désagrément assez fréquent qui peut se révéler effroyable si les conditions sont mauvaises et que le syndrome dure un peu trop longtemps… Après en avoir discuté, je lui ai d'abord conseillé de prendre la décision de toujours accepter psychologiquement d'être à l'endroit où il était. En effet, une fois que vous aurez accepté d'être où vous avez choisi d'aller, que ce soit une étendue liquide, un désert de glace, une forêt tropicale, un premier camp d'altitude ou un bateau à voile, vous vous adapterez plus facilement. J'ai ensuite expliqué à mon jeune interlocuteur que l'objectif n'était surtout pas de se « battre » contre le mal de mer, car certaines personnes qui se croient sensibles au mal de mer ont souvent décidé avant même de partir sur un bateau qu'elles en seront victimes. Que font-ils alors ? Ils prennent un médicament en prévention. Mais ce médicament, j'en suis convaincu, n'est pas nécessairement ce qu'il leur faut. Pour ma part, je recommande plutôt de boire de l'eau. En buvant de l'eau, en plus de remplir l'estomac, on réhydrate son corps pour qu'il puisse trouver par lui-même une manière de se battre contre ce qui l'atteint. Après quelques jours, parfois seulement quelques heures, votre corps s'adaptera par lui-même à votre nouvel environnement.

Mémo

Évitez la médication pour qu'elle reste efficace en dernier recours

Dans nos sociétés où chaque symptôme, même le plus léger, dispose d'une réponse médicamenteuse, je préconise de garder une certaine vigilance vis-à-vis de l'usage presque réflexe de médicaments. Pour s'assurer qu'une médication reste efficace, il faut limiter au maximum l'accoutumance, et donc s'assurer de ne pas prendre un cachet à tout bout de champ. Je n'ai rien contre les laboratoires pharmaceutiques, bien au contraire, je crois aux vertus de la science, mais si je veux améliorer mes capacités dans ma vie quotidienne comme dans ma vie d'aventurier, j'essaie de ne jamais prendre de médicaments, même quand j'ai mal à la tête, que j'ai trop bu, ou que je suis un peu fiévreux. Je traite toutes mes maladies avec de l'eau.

PRÉVENEZ LES RISQUES

Pour éviter les appréhensions ou les désagréments, (et cela, je ne cesserai de vous le répéter), travailler sur son mental et surtout ne pas anticiper la douleur ou la difficulté. Même s'il arrive que, dans certains contextes comme en altitude, le mental ne suffise pas toujours. Il m'est arrivé une fois de monter trop vite à 7 000 mètres. Je le regrette encore, j'ai été touché par le « mal des montagnes », j'ai failli y laisser ma peau... Les symptômes sont les suivants : nausées, vomissements, douleurs de l'oreille moyenne, insomnies, hypertension artérielle, et déshydratation. Voire, dans les cas extrêmes, œdème cérébral, microthrombose et coma éventuel.

Il y a certaines règles à respecter avant d'entamer une ascension vers les plus hauts sommets : rester à des altitudes plus basses pendant quelques jours, voire quelques semaines, s'arrêter par palier d'altitude pour laisser le temps nécessaire à son corps de former des globules rouges, et surtout monter progressivement. Pour atteindre ces zones où l'oxygène vient à manquer, il faut avoir de la patience et ne pas être trop pressé, car vous ne pourrez pas procéder autrement que par paliers.

Vous devrez adopter le même mode opératoire pour faire de la plongée sous-marine. Il faut descendre progressivement pour vous acclimater, remonter d'un mètre si nécessaire, puis recommencer la procédure. Respecter ces paliers de décompression est essentiel pour empêcher tout accident. En faisant preuve de patience, vous aurez les meilleures chances d'arriver à la profondeur voulue et surtout de remonter à la surface vivant, car il vous faudra répéter le même protocole au moment de votre ascension.

Mémo

Les gestes de premiers secours qui peuvent vous sauver

Quelle que soit la situation d'urgence, il est important de garder son calme pour être en mesure d'appréhender la situation et de réaliser des gestes de manière appropriée. Réguler son rythme cardiaque est l'une des clés essentielles de la survie. Tout d'abord, parce que cela vous permettra de prendre des décisions rationnelles, mais aussi parce qu'en cas d'empoisonnement cela réduira grandement sa progression. En cas d'incident majeur, l'idéal est d'avoir suivi une formation adaptée de premiers secours qui permet d'exécuter correctement des soins d'urgence. Certaines situations ne laissent aucune place à l'improvisation. La priorité est de sécuriser le lieu de l'accident en veillant à ce qu'il n'y ait aucun danger supplémentaire puis, dans la mesure du possible, de placer les personnes impliquées en position latérale de sécurité. Évaluez l'état de la victime, vérifiez son niveau de conscience en lui posant des questions claires avant de la rassurer. Ces informations vous permettront de répondre avec efficacité aux questions des secouristes. Emportez également un sifflet de survie qui vous servira à être entendu pour signaler votre position et votre besoin d'assistance.

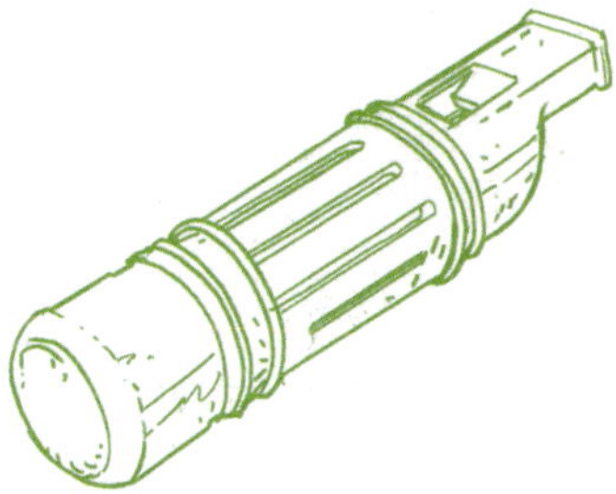

NE PERDEZ JAMAIS DE VUE LA RÉALITÉ DU DANGER

Lorsque j'ai commencé à grimper et à vouloir atteindre des sommets himalayens au-dessus de 8 000 mètres, j'ai eu la chance d'y aller avec Jean Troillet, un formidable alpiniste. C'est avec lui que j'ai atteint mon premier 8 000 mètres et il m'avait alors expliqué que lorsque nous arriverions au sommet, il ne faudrait surtout pas nous asseoir. L'idée, c'était de prendre quelques photos pour accréditer ce que nous venions de réaliser, puis de faire demi-tour et de rentrer… Or, alors même que nous sommes parvenus au sommet, Jean s'assoit. Je lui demande immédiatement pourquoi, en me rappelant son conseil : « Parce que je suis fatigué. » Et le voilà qui semble s'assoupir. Le problème à ces altitudes, c'est qu'avec le manque d'oxygène, tu as fatalement envie de dormir après l'effort, mais que, si tu t'endors, il y a peu de chances pour que tu te réveilles. Il a commencé à être victime d'hallucinations : il était convaincu qu'il se trouvait sur le parking d'un supermarché où des gens poussaient des caddies pleins de jouets. Il commençait à délirer et se demandait pourquoi les gens étaient atteints d'une telle fièvre de consommation. Je le secouais, tentais de le faire revenir parmi nous, « réveille-toi, Jean, moi je me casse, il faut qu'on redescende ».

J'ai commencé ma descente, lorsque, en avançant sur l'arête sommitale, tout d'un coup, je distingue devant moi un corps dans la neige et je me dis : « Jeannot ? Mais comment a-t-il pu faire ? » Ne serait-ce pas moi qui perds la tête à cause du manque d'oxygène finalement ? C'était mon premier 8 000, tout était nouveau pour moi et j'étais sans doute un peu perdu. Je me suis demandé comment il était arrivé ici parce que s'il m'avait doublé sur l'arête, je l'aurais forcément vu… Je me suis approché de lui, je l'ai pris par les épaules pour le secouer, mais il ne bougeait pas. Je l'ai retourné, ce n'était pas Jean, c'était un autre grimpeur dont la montagne était devenue le tombeau, que je n'avais pas vu en montant et dont je découvrais le corps quasi momifié seulement en descendant.

J'étais exténué, en perte de lucidité, je ne devais plus avoir beaucoup de contrôle sur moi-même. J'ai continué ma descente dans des conditions toujours extrêmes. Un peu plus tard, au-dessus de moi, j'ai entendu une voix qui m'appelait : « Mike, Mike. » C'était mon Jean. Il s'était relevé et m'avait suivi. Je me suis demandé à cet instant qui avait vraiment perdu la tête, lui ou moi ?

La préparation du matériel

3

— SOYEZ BIEN ÉQUIPÉS ! —

Dans cette vie que je mène et qui sera peut-être la vôtre un jour, le temps est une donnée incontournable. Et pour cela, la montre est le premier élément indispensable que j'emporte avec moi. Non seulement parce qu'elle me donne l'heure, mais aussi parce que c'est grâce à elle que je peux me fixer un rythme. Manger vite, boire un peu, cinq minutes à peine pour que mon corps ne se refroidisse pas, et je repars. La montre est la garante de la fameuse discipline à laquelle je me plie, c'est pour cela qu'elle ne me quitte jamais. Si je ne la regarde pas, si je ne tiens pas compte des indications qu'elle me donne, je sais que je n'arriverai jamais au but que je me suis fixé !

Mais si je ne me sépare jamais de ma montre lors de mes expéditions, d'autres objets me sont tout autant nécessaires, et ils varient à la fois en fonction de la région du monde que je vais arpenter et de la manière dont je vais la traverser. Que je prenne un bateau pour me jouer des océans, un traîneau pour sillonner les pôles, un vélo pour franchir la savane ou juste mes deux jambes lorsque j'entends m'enfoncer dans la jungle, voire atteindre un sommet au-dessus de 8 000 mètres..., ce que je vais pouvoir emporter avec moi sera forcément différent, et donc modulé.

Aussi, avant de m'équiper, je cherche à en savoir le plus possible sur l'endroit où je compte me rendre. Vous vous apercevrez rapidement que c'est sans doute la meilleure façon de procéder. Ne soyez pas comme ces élèves du dernier rang qui préfèrent confire doucement auprès du radiateur plutôt que d'écouter les leçons de leurs maîtres : si vous entendez vous mesurer à la nature et aux challenges que vous allez devoir affronter, vous ne pouvez pas vous permettre de rester dans l'insouciance et l'ignorance.

1 S'informer avant de partir

Le numérique a ceci de révolutionnaire qu'il permet d'en connaître beaucoup sur le monde qui nous entoure. Témoignages écrits ou vidéo, tutoriels, podcasts ou blogs personnels, cartographie de l'endroit et histoire locale, je ne prétendrai pas qu'il est possible de tout savoir de l'univers dans lequel nous évoluons, mais presque. C'est là encore d'une importance vitale, car il s'agit bel et bien d'emmagasiner le maximum d'informations possible sur votre lieu d'exploration. Grâce à Internet et aux réseaux sociaux, les possibilités sont désormais infinies.

SOYEZ CURIEUX

Depuis mon enfance, je n'ai cessé de me constituer une sorte de bibliothèque mentale et idéale que j'ai patiemment enrichie au fil de mes lectures et des ouvrages dont je me repaissais jusqu'à en abîmer les pages. Peu m'importait que les auteurs racontent une époque révolue, le XIXe siècle et les premières explorations africaines, le début du XXe et la découverte des pôles, puis les ascensions les plus légendaires dès les années 1930, je me gorgeais de leurs mots, de leurs phrases, de leurs exploits. Même si depuis tout a changé, même si le matériel a évolué, les témoignages laissés par ceux qui nous ont précédés sont toujours la clé de voûte de mes projets. Ils ont agi sur moi comme des déclencheurs de passions.

Ce que racontent les explorateurs revenus en vie de leurs aventures a toujours représenté à mes yeux une valeur énorme et incommensurable. Lorsque j'ai décidé de m'attaquer aux plus hauts sommets du monde, j'ai dévoré une quantité de livres remarquables. Ceux d'alpinistes comme l'Italien Reinhold Messner, ceux des icônes suisses Jean Troillet ou Erhard Loretan, ceux du formidable Polonais Jerzy Kukuczka. Ils furent mes premières bibles et je n'aurai de cesse d'en remercier les auteurs, même si certains ont hélas disparu. Dans les régions extrêmes, ce sont les bouquins de Børge Ousland, premier au pôle Nord et premier au pôle Sud en solitaire, qui m'ont ouvert la voie. En étudiant dans le détail ce qu'ils avaient vécu, j'ai fait de ces hommes admirables mes propres légendes, mais aussi mes amis.

ACCEPTEZ DE NE PAS TOUT SAVOIR

Pour ne pas céder au découragement et au trop-plein d'informations, vous devez être sélectif : malgré votre bonne volonté, vous ne pourrez pas tout lire ni tout regarder. Parmi les tonnes d'informations que je peux puiser ici et là, il me faut ensuite faire le tri. Je me souviens ainsi que lors de la préparation de ma première grande expédition en Amazonie, lorsque j'ai entrepris de descendre le fleuve à la nage, de sa source jusqu'à son embouchure, j'ai voulu en savoir plus sur les plantes et les animaux dangereux que je pourrais rencontrer pendant mon périple. J'ai évidemment trouvé une pile d'ouvrages recensant faune et flore locales. Plutôt que de tout ingurgiter, j'ai d'abord choisi le bouquin qui me paraissait le plus complet, puis je me suis concentré uniquement sur les espèces dangereuses. J'ai alors arraché toutes les pages concernant les plantes et les animaux inoffensifs, et j'ai appris par cœur le nom des espèces qui pourraient me créer des ennuis. J'ai également gardé en mémoire à quoi ils ou elles ressemblaient. Poissons, serpents, plantes carnivores... Une fois sur place, si je croisais une plante ou un animal que je n'avais pas conservé dans mon bestiaire personnel, cela signifiait que je ne courais aucun risque et que je pouvais être tranquille.

INFORMEZ-VOUS À LA SOURCE

La découverte de carnets d'aventure écrits par les uns et les autres est probablement d'une importance capitale, mais elle ne vaut pas tout à fait les témoignages livrés par ceux que vous allez rencontrer sur place. Je vais un peu vite en besogne, puisque j'en suis à évoquer les préparatifs, mais interrogez toujours un guide, un voyageur, un chasseur, un pêcheur, ou toute autre personne locale que vous rencontrerez. Ce qu'ils vous raconteront vaudra toujours son pesant d'or. La topographie de la région que vous comptez arpenter, la faune et la flore locales, les pièges à éviter, la météo qui varie d'un endroit à l'autre... Ils viendront enrichir de leur propre expérience les informations que vous aurez glanées ici et là.

Sur place, le repérage et la prise de contact sont donc les premières choses que je fais. Lorsque je me retrouve dans un endroit qui m'est encore inconnu, je vais systématiquement à la rencontre de ceux qui y vivent. Il ne faut pas avoir peur de les questionner, ils sont généralement ravis de vous aider. Vous renseigner à l'avance est également essentiel lorsque l'on sait qu'une expédition requiert toujours beaucoup de préparation :

- ☐ Les démarches administratives d'entrée sur un territoire peuvent prendre des mois, n'oubliez pas de faire le nécessaire auprès des ambassades des pays où vous vous rendrez afin d'avoir tous vos papiers en règle.
- ☐ Le repérage et l'élaboration d'un bon itinéraire vous demanderont des semaines d'organisation.
- ☐ Les potentiels vaccins à faire peuvent prendre plusieurs jours.
- ☐ Connaître la situation géopolitique du pays où vous vous rendez est essentiel pour votre sécurité. Il en va de votre responsabilité de vous informer pour éviter, comme cela a pu m'arriver, d'être embarqué dans une situation dangereuse.
- ☐ Réunir des informations au sujet de la monnaie, des fêtes nationales et jours fériés, du climat, des modes de transports et des us et coutumes... Tout cela peut prendre du temps, mais c'est absolument nécessaire.

Ce n'est qu'un aperçu de ce qu'il faut organiser pour préparer votre première aventure. Il est donc capital de vous renseigner au maximum, que ce soit en vous informant avant de partir ou en dialoguant avec des locaux sur place.

2 Préparer et choisir son matériel

Quand je pars en expédition, je ne suis plus le même homme. Le voyage exige de se défaire de tout ce qui encombre la marche. Réduire la complexité est la condition de la survie : plus on s'encombre, plus on se leste, plus on a du mal à avancer. Je n'ai pas besoin de cette boussole ultraprécise avec visée laser... Je dois laisser ce réchaud à gaz équipé pour les cyclones... Je n'ai que faire de ce GPS dont les batteries vont me lâcher au premier grand froid...

Si je dois marcher quinze heures d'affilée dans la jungle ou sur la banquise, pendant des jours, des semaines, des mois, je dois être léger, de corps, d'esprit et d'équipement…

Avant même d'être plus explicite sur la façon de préparer votre matériel, j'aimerais commencer par vous dresser une liste. Je l'ai conçue au fil de mes aventures et de mes expéditions, et je pense qu'elle serait utile à n'importe qui. Même chez vous, en vacances, ou en ville, ce n'est qu'une quinzaine d'objets qui me paraissent indispensables pour qui veut faire face aux fâcheux aléas que la vie nous réserve, même celle de tous les jours. Ensemble, ils représentent une sorte de premier « kit de secours » qui peut s'avérer utile.

Il n'est même pas encore question de survie, nous y reviendrons dans la dernière partie de ce livre, mais ces différents objets pourraient tout à fait, un jour, vous permettre de sauver votre peau, ou celle de quelqu'un que vous rencontreriez au cours de vos pérégrinations. Les désagréments, les accidents, la détresse ne sont jamais une question de distance. Même à une heure de chez vous, au bord d'une rivière, au fin fond d'une forêt, sur un chemin de randonnée ou au cours d'un petit raid à vélo, vous pourriez en avoir besoin.

Mémo

Protégez votre matériel.

Il ne s'agit pas d'un « top-je ne sais quoi », chacun de ces objets ayant sa valeur propre et son intérêt particulier. Certains de ceux que vous emporterez, s'ils venaient à être mouillés, voire seulement humides, n'auraient plus la même utilité alors, avant même de les réunir, la meilleure chose à faire est de se procurer un sac léger, étanche et facile à manipuler. Pour ne pas vous encombrer ni vous alourdir, une contenance de 3 litres suffira, à condition qu'il ferme bien. Pour cela, prenez un sac qui se replie et se roule sur lui-même, puis clipsez-le ou zippez-le.

SANS PRÉAMBULE : UN BON SAC À DOS

Pour commencer votre aventure ou votre première exploration, vous n'aurez nullement besoin d'un sac qui, vide, pèse déjà 3 kilos. Choisissez un sac basique fait d'un tissu simple, parce que c'est juste un truc pour porter vos affaires. Prenez-le avec des bretelles pas trop larges et isolantes, car vous verrez que l'on transpire beaucoup quand on marche ; pour la même raison, regardez s'il dispose d'ouvertures latérales pour laisser passer l'air et pensez à la ceinture autour de votre taille qui maintiendra l'ensemble, ne la prenez pas trop large non plus. C'est tout !

Dans mon cas, le sac à dos que j'utilise lorsque je veux m'enfoncer dans des zones hostiles, humides et chaudes, a tout l'air d'un sac traditionnel. Mais si vous le regardez de plus près, vous constaterez qu'il ne l'est pas tant que ça. Son ouverture et la possibilité d'en restreindre la taille sont déjà des éléments importants, mais c'est aussi un sac qui n'est pas étanche, ce qui surprend toujours mes interlocuteurs.

À l'intérieur, je dispose évidemment des contenants qui empêchent l'eau de s'infiltrer. Mais en ce qui concerne mon sac, l'important, c'est que l'eau ne reste jamais à l'intérieur. Un litre d'eau, c'est un kilo. Un kilo supplémentaire à porter, cela n'a l'air de rien, mais c'est lourd. Dans la jungle, où l'humidité règne et où la chaleur peut ressembler à une fournaise, un kilo supplémentaire ajouté à un sac qui pèse déjà ses 40 kilos, cela n'a rien d'anodin.

LA COUVERTURE DE SURVIE

Lors de ma première expédition polaire baptisée « Arktos », par des températures allant de – 20 à – 50 °C, il était très fréquent, lorsque je m'arrêtais d'avancer après une vingtaine d'heures de marche, que mon corps n'ait plus de calories à brûler… Il était fragilisé. Alors, une fois dans la tente, je m'enroulais d'abord dans ma couverture de survie.

Vous trouverez sans doute que ce n'est pas d'une folle originalité, mais c'est essentiel pour se protéger du froid, échapper à l'hypothermie qui guette celui qui s'aventure dans les régions pas forcément si extrêmes, et éviter ainsi de terminer sa vie en glaçon… Également utilisée par des randonneurs, cette couverture est un objet incontournable. Elle est constituée d'un film aluminium entouré de Mylar – un revêtement polyester –, à la fois isolante, métallisée, imputrescible, imperméable, résistant à la traction et pourtant très fine (1/10e de millimètre, pour une soixantaine de grammes). Sachez que ce matériau, aujourd'hui assez commun et disponible un peu partout, qui réfléchit environ 90 % du rayonnement infrarouge, a d'abord été utilisé par la Nasa dans les années 1960 pour protéger de la lumière du soleil ses satellites et autres objets d'exploration lunaire. Un peu plus tard, au début des années 1970, ce sont les organisateurs du fameux marathon de New York qui eurent l'idée de distribuer ce même matériau, sous forme de couverture, aux coureurs qui terminaient la course, pour leur éviter de prendre froid après l'effort. Depuis, l'objet équipe aussi bien les militaires et les secouristes que les explorateurs !

> *Une fois dans la couverture que je disposais comme un cocon autour de moi, j'allumais une bougie pour réchauffer mon corps. La chaleur dégagée par le petit objet "rebondissait" contre les parois de ma protection métallisée et allait alors faire remonter très rapidement la température de mon organisme. Il ne suffisait que de quatre ou cinq minutes pour que le processus se déroule.*

DARE2DREAM BIG

DARE2DREAM BIG

COUVERTURE
DE SURVIE
RESCUE BLANKET
RETTUNGSDECKE
COPERTA DI SOPRAVVIVENZA
MANTA DE SUPERVIVENCIA

LES BOUGIES CHAUFFE-PLAT

Ce petit objet de pas grand-chose, rond et presque plat, simplement constitué de cire et d'une mèche, est pourtant d'une immense utilité lorsque, une fois que vous en aurez terminé avec votre journée d'efforts, vous vous retrouverez à l'abri. Si la température extérieure est passée loin sous 0 °C, vous risquez l'hypothermie, l'un des pires effets directs des grands froids sur notre santé. Exposé trop longtemps, votre corps devient alors incapable de garder une température adaptée pour continuer à fonctionner normalement. D'où l'intérêt de mon duo tout simple « couverture de survie–bougie ».

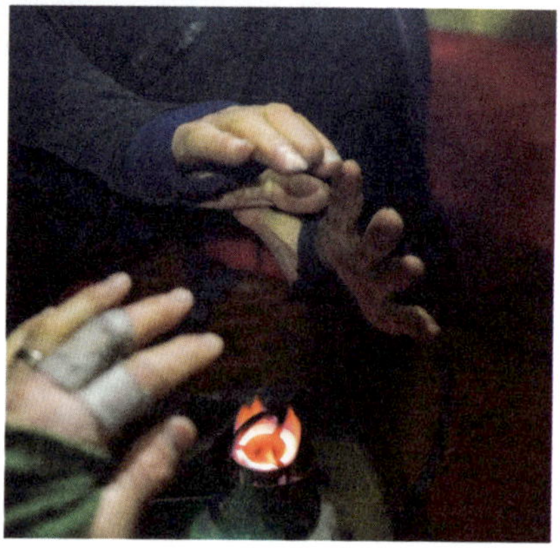

Mémo

Détectez rapidement les signes de l'hypothermie

Si votre température corporelle descend autour des 35 °C, vous êtes en période de préhypothermie. Avant que celle-ci n'empire, vous allez d'abord ressentir une forme d'inconfort, difficile à décrire parce que cela dépend de chacun d'entre nous. Vous aurez peut-être l'impression que quelque chose de peu agréable se profile, comme lorsque vous sentez poindre une fièvre, ou une angine…

Cette hypothermie peut ensuite devenir « légère » : votre température est alors comprise entre 32,5 et 35 °C. Les symptômes se précisent, les premiers frissons, les extrémités soudain froides – oreilles, nez, joues, doigts et orteils, voire un engourdissement au niveau des pieds et des mains et l'impression de devenir un peu maladroit.

Si votre température continue de baisser encore, disons entre 28 et 32 °C, le manque de coordination va devenir flagrant, vous aurez du mal à vous exprimer, serez même un peu confus, voire développerez un comportement anormal qui doit alors inquiéter ceux qui sont avec vous (d'où l'importance de ne pas partir seul !), votre jugement sera affaibli, votre pouls et votre respiration vont s'accélérer. Vous n'êtes pourtant tombé que dans une hypothermie encore modérée.

Cela devient plus grave si votre température corporelle chute en deçà des 28 °C. Vous n'aurez sans doute plus de frissons, votre regard semblera vide, vous allez perdre conscience, votre respiration va alors ralentir avant l'arrêt respiratoire, puis l'arrêt cardiaque. Vous êtes mort… Ce que je ne souhaite à personne.

UN SAC DE COUCHAGE ADAPTÉ

Le choix du couchage est un souci prédominant. Encore une fois, qu'il s'agisse d'aller dans les zones froides, ou au contraire dans des régions chaudes et humides, peu importe, c'est vous qui jugerez de ce qui vous paraît le mieux à même de vous aider à supporter les conditions climatiques. Si je vous le montrais, vous constateriez que ce sac de couchage n'a pas de fermeture Éclair. Parce que l'ouvrir et le fermer au moyen d'un zip 808 jours de suite, c'est la promesse qu'un jour ou l'autre, le système cassera. Sans fermeture Éclair, je ne risque pas de le voir se détériorer. De plus, j'ajoute à la fragilité un certain poids, car malgré tout ce système de fermeture pèse un peu, et surtout je laisse de petits espaces qui, quoi que je fasse, ne peuvent rien contre le froid pénétrant.

Je garde dans une sorte de grange tout ce qui a pu me servir, un jour ou l'autre, à partir en expédition. Peut-être un jour en ferai-je un musée. J'y exposerai notamment le sac de couchage que j'ai utilisé pendant l'expédition Arktos, mon tour du monde autour du cercle arctique polaire, 20 000 kilomètres, deux ans et trois mois d'efforts dans un froid de gueux. Mais c'était un tel objectif pour moi, petit Sud-Africain attiré par les régions les plus extrêmes du globe, l'Arctique, l'Antarctique, que je ne pouvais pas ne pas réussir. Même si peu de mes congénères ont les mêmes envies que moi, l'homme des tropiques que j'étais a toujours eu une envie monumentale de découvrir la neige et la glace... Et pour cela, ce sac de couchage fut comme ma maison.

Cette histoire de sac n'est qu'un exemple. Une manière de vous dire qu'il ne faut jamais rien laisser au hasard et ne pas hésiter à adapter le matériel à ses besoins, à bricoler des choses et à faire preuve d'ingéniosité. Ça, allez-vous me répondre, c'est un conseil pour les aventuriers aguerris, mais comment doivent donc faire les plus novices ?

Si vous avez choisi de monter en altitude ou dans des régions très froides – le Jura peut être une bonne première expérience, ce n'est pas pour rien que l'on a surnommé cet endroit « la petite Sibérie » –, ce sera toujours mieux de vous procurer un duvet en plumes, il sera chaud et respirant. Si, en revanche, vous avez décidé de vous rendre dans une région humide, adoptez un sac de couchage synthétique qui ne s'alourdira pas malgré la moiteur de l'endroit que vous traverserez...

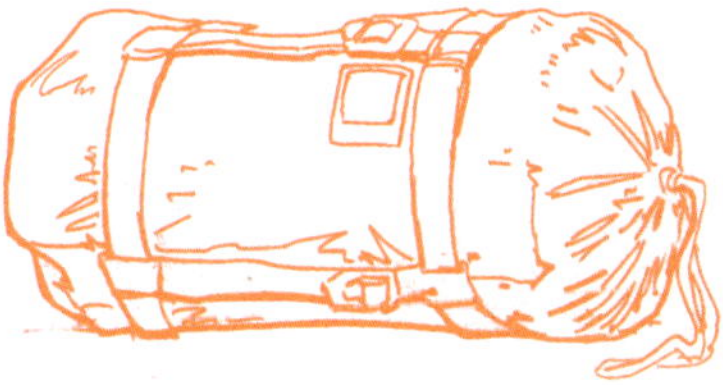

Mémo

Superposez les couches

En regardant à l'intérieur de mon sac de couchage, vous constaterez qu'un deuxième sac a d'abord été glissé dans le premier, j'ai ainsi deux couches superposées. Et après, pour ne pas que mes extrémités gèlent, il y a même un troisième « emballage » juste pour les pieds. Par – 40 ou – 50 °C, vous pouvez mourir à l'intérieur de votre sac, parce que, paradoxalement, le froid qui vous ensorcelle et vous enlace paraît tellement agréable que vous pouvez vous endormir de plaisir, et ne plus jamais vous réveiller !

Dans ce milieu, sachez que l'humidité peut également être fatale. Ma technique personnelle pour contrer cette problématique est de dormir dans un sac en plastique à l'intérieur de mon sac de couchage, car pendant le sommeil, on transpire, et on peut perdre environ 1 litre d'eau. Je disposais aussi une bavette sous mon menton, car en respirant, l'air que j'expirais gelait et formait une pellicule de glace. La bavette l'empêchait de se répandre dans le duvet, et le matin, en me réveillant, il suffisait d'enlever la pellicule avec une brosse.

DES SOUS-VÊTEMENTS THERMIQUES

Je prends toujours des caleçons et des tricots en laine, c'est plus sain, plus naturel et ça ne sent pas mauvais, même après quelques semaines de voyage. Le mieux, ce sont les sous-vêtements en laine mérinos de Nouvelle-Zélande de la marque icebreaker® par exemple : outre le fait qu'ils sont agréables à porter, ils sont très confortables, chauds quand il fait froid, frais quand la chaleur monte. Qu'il s'agisse de vous, au terme de votre journée d'efforts, ou pour venir en aide à quelqu'un qui serait en proie à l'hypothermie, le but est de se réchauffer au plus vite. Or, si vous avez pris froid, c'est parce que votre environnement hostile a sans doute mélangé la glace, la neige, le vent ou la pluie... S'en protéger n'est pas évident, surtout concernant la pluie qui non seulement mouille vos vêtements, mais s'infiltre, pèse et surtout refroidit les organismes. On considère que le vent et la pluie ont un pouvoir terrible, celui de faire descendre la température du corps beaucoup plus vite que les autres conditions météorologiques, quatorze fois plus vite prétendent certains spécialistes, tout en nous contraignant à brûler un maximum de calories pour lutter contre.

Une fois sous la tente, il faut se sécher au plus vite. Pour cela j'emporte toujours un sous-vêtement très élastique pour qu'il puisse aller à toutes les morphologies. La première chose à faire est donc de sécher le corps, le vôtre ou celui de la personne à qui vous venez en aide. Pour cela, il faut enlever les vêtements mouillés au plus vite et enfiler quelque chose de sec. Une fois revêtu d'un de ces sous-vêtements que l'on appelle « thermiques » parce qu'ils ont l'avantage d'être efficaces dans les grands froids et antitranspirants, mais aussi antiodeurs, ce qui peut se révéler appréciable, on se sent très vite mieux.

UN PETIT PONCHO

Encore un objet léger et qui n'a l'air de rien. Il vous est peut-être même arrivé d'en voir lors de compétitions sportives ou de festivals. Dans les tribunes ou au bord de la route, les spectateurs, en cas de forte pluie, déplient ce petit vêtement de plastique qui recouvre alors la tête et le corps. J'en emporte toujours un au cas où. Par-dessus vos vêtements secs et même votre sac à dos, à la fois coupe-vent et coupe-froid, son apport sera indéniable.

LE KIT SPÉCIAL FEU

Toujours au cours de mon expédition Arktos autour du cercle arctique, un jour, ma tente a brûlé. Comme je n'avais pas de matériel de rechange j'ai dû, dans l'urgence, me construire un igloo. Ce fut long et pénible, mais une fois celui-ci terminé, je me suis glissé à l'intérieur. J'avais ma couverture de survie et ma bougie qu'il me fallait allumer. C'est pour cette raison que, parmi les objets absolument indispensables, j'emporte toujours un briquet et un allume-feu, sans oublier des allumettes.

La pierre à feu

Ce système-là, antique pour ne pas dire préhistorique, je l'utilise lors de mes grandes expéditions, notamment lorsque j'ai descendu l'Amazone avec mon hydrospeed ou lorsque j'ai fait le tour du monde en suivant la ligne de l'équateur : même mouillé, on peut toujours allumer quelque chose. Désormais appelé « allume-feu », vous le trouverez dans les magasins spécialisés.

La manipulation de l'allume-feu n'est pas simple, surtout si vous n'y êtes pas accoutumé. Pour être efficace, il faut placer le grattoir sur la pierre à feu, avec un angle compris entre 30 et 45°. Grattez ensuite en mettant un peu de pression. L'expérience venant, vous devriez arriver à produire de fort belles étincelles et à allumer un feu en quelques minutes.

Les allumettes étanches

Les allumettes font office de plan B, je les entrepose dans une boîte étanche avec mes allume-feu. L'intérêt de ces petits bâtonnets c'est que, même mouillés, ils s'allument. Indéniablement un grand avantage que je vous conseillerai néanmoins de vérifier chez vous avant de partir. Certains, en effet , se consument très vite.

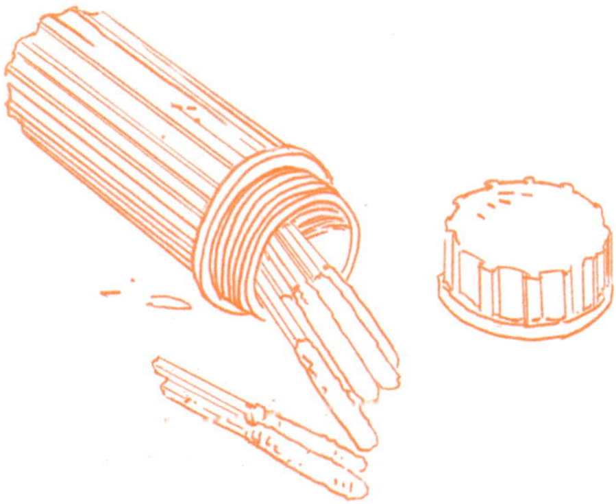

Le briquet-brûleur

Le briquet-brûleur, ou chalumeau, c'est le système le plus facile à utiliser et probablement le plus fiable. Notamment parce que ce type de briquet est plus étanche qu'un briquet normal. Et surtout parce que, si le vent souffle, il va maintenir sa flamme. C'est pour cette raison que j'en emporte toujours un. Les meilleurs sont à arc électrique, ils sont étanches, ils peuvent être utilisés quel que soit le type de temps rencontré, certains sont même rechargeables au moyen d'une prise USB. C'est sans doute plus pratique que les briquets à gaz ou à pétrole qu'il faut recharger, comme le bon vieux Zippo des militaires américains...

UN BON COUTEAU

Dans mon sac, mais je dirais même dans ma vie, j'en ai toujours un à portée de main. Le couteau, c'est l'outil presque originel, parce que polyvalent. Léger, avec une lame bien aiguisée, il est d'une utilité sans fin. Pour manger, pour tailler, pour couper des vêtements en cas de blessure, jambe ou bras cassé, lorsqu'il faut agir vite et proprement, le couteau est ce qu'il y a de mieux : ainsi, au lieu d'essayer d'enlever un T-shirt ou un pantalon, il vaut mieux les découper rapidement, c'est ce que font d'ailleurs les secouristes lorsqu'ils viennent en aide à une victime. C'est pareil lorsqu'une cheville est foulée, cassée, qu'il faut stabiliser la blessure, pour peu que la chaussure soit mouillée, là encore, il sera plus judicieux de découper les lacets rapidement pour pouvoir libérer le pied.

Un couteau à lames multiples

Les couteaux que j'emporte avec moi sont de type « couteau suisse », avec une prise en main simple et un manche préhensible et « accrochant », c'est-à-dire que non seulement ils sont solides, ne glissent pas des mains, mais aussi que le nombre de lames qu'ils proposent permet d'effectuer de nombreuses opérations. Sur ceux que j'apprécie le plus, il y a même un tire-bouchon ! Utile seulement lorsqu'il s'agit de fêter la réussite de votre entreprise, ou pour vous remonter le moral le jour où il est en berne.

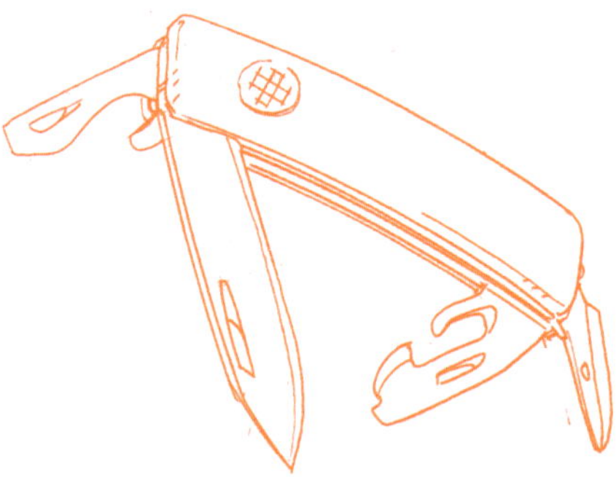

Une machette

Pour traverser la jungle, par exemple, il faut absolument une machette. La machette, c'est votre arme, votre béquille, votre amie. Pour progresser dans un environnement difficile, elle est indispensable, mais parce qu'elle est constituée de métal (la lame) et de bois (le manche), elle peut se casser. Sans machette, je suis démuni. C'est pour cela que j'en prends toujours une de rechange, alors que mon obsession est pourtant de ne pas me surcharger.

Mémo

Soyez sélectif dans vos choix

Pour les expéditions plus extrêmes et sans assistance, même s'il ne faut jamais se surcharger, je vous conseillerai de prendre certains outils vitaux en plus, voire de les prendre en double. En revanche, je n'emporte pas de sous-vêtements supplémentaires, parce que c'est du poids en plus et que cela ne me sert à rien. Pendant toute mon expédition, je garderai le même slip et le même T-shirt que je lave régulièrement. Je n'emporte qu'un seul filet de pêche pour capturer des poissons, en revanche je prends pas mal d'hameçons qui pourront le remplacer s'il venait à se déchirer. Je suis aussi capable de fabriquer mes propres armes qui me permettront d'attraper de quoi me nourrir, un harpon par exemple. Je cherche une branche droite d'un bois dur, je la taille et l'aiguise. Je me sers alors de ce harpon maison que j'abandonnerai sur place lorsque je quitterai mon campement en sachant que, lorsque j'en aurai à nouveau besoin, je m'en fabriquerai un autre. Ça, c'est dans la jungle...

Si je pars vers les pôles, c'est un peu la même chose, et même si je peux mettre beaucoup plus dans mon traîneau ou ma luge, je suis drastique dans ma sélection. Ainsi, c'est peut-être un risque, je ne prends jamais de tente de rechange. Je fais confiance à celle que j'emporte. Pour l'instant, cela m'a suffi. Je prends en revanche un nécessaire de réparation pour pouvoir la remettre en état. Si un arceau casse ou si le tissu se déchire, il faut que je sois capable de faire face, mon avenir en dépend. En revanche, si le réchaud que j'ai mis dans mes bagages rendait soudain l'âme, alors que je viens de marcher pendant vingt heures et qu'il fait – 40 °C, je risque de crever de soif parce que je ne pourrai pas faire fondre la neige ou la glace pour la transformer en eau. Alors, comme pour la machette, et même si cela alourdit le traîneau, je prends un second réchaud. C'est pareil pour les batteries. Qu'elles viennent à me lâcher et je n'aurai plus aucun moyen de communication, alors j'en prends quelques-unes en réserve.

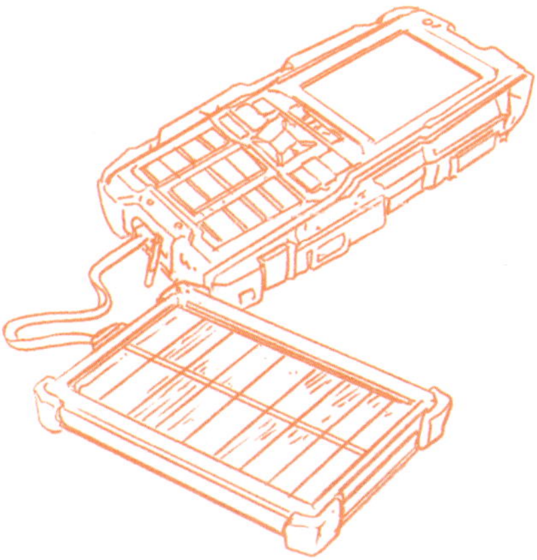

UN TÉLÉPHONE TOUT-TERRAIN

Un téléphone standard ne fera pas long feu face aux intempéries et aux situations extrêmes d'une expédition. Heureusement, il existe des téléphones pensés pour ces conditions extrêmes : mains mouillées, écran humide, ils vont de pair avec des batteries externes à longue durée.

Tenir les autres informés est une obligation en exploration. En cas de problème, si je n'ai pas donné d'indications depuis dix jours, si personne ne sait où je me trouve, la possibilité que l'on parte à ma recherche ou que l'on vienne à mon secours diminue grandement. Traverser un océan, un désert, une jungle suscite forcément un monceau d'inquiétudes pour ceux qui vous accompagnent en pensée ou en logistique. Leur donner des nouvelles est la première des priorités. Informer de sa destination, partager son itinéraire et communiquer sur son avancement ainsi que sa date de retour sont les premiers gages d'une aventure maîtrisée. Pour autant, la communication peut être limitée. Vous ne pourrez pas passer de longs appels pour raconter à vos proches le détail de vos journées. C'est pour cette raison que je vous invite avant votre départ à enregistrer des raccourcis dans votre téléphone. Ils vous permettront de gagner un temps précieux en cas d'urgence. Vous pouvez aussi, comme moi, établir un système de code avec vos proches. Déterminez un message correspondant à un numéro pour pouvoir faire rapidement état de votre situation. Par exemple : le 1 pour tout va bien, le 2 pour je fais une pause, le 3 pour je suis perdu, le 4 pour je suis en danger, etc.

UNE TROUSSE DE SURVIE

J'emporte toujours avec moi de quoi faire face aux blessures et aux maux divers dont je pourrais être victime. C'est là encore extrêmement important et, même si vous n'êtes pas médecin, je vous conseille d'ores et déjà de faire comme moi lorsque vous partez en vadrouille, ne serait-ce que pendant deux jours.

Une pharmacie

Rassemblez dans une trousse : un peu de crème solaire, surtout si vous avez une peau très blanche, une crème hautement hydratante pour pallier au vent qui assèche très vite la peau, la gerce et entraîne de petites crevasses douloureuses. Ajoutez une brosse à dents pliable et protégée, un minitube de dentifrice, une crème anti-inflammatoire, quelques compresses, une protection genre « deuxième peau » anticloque ou antiampoule, et un bon désinfectant.

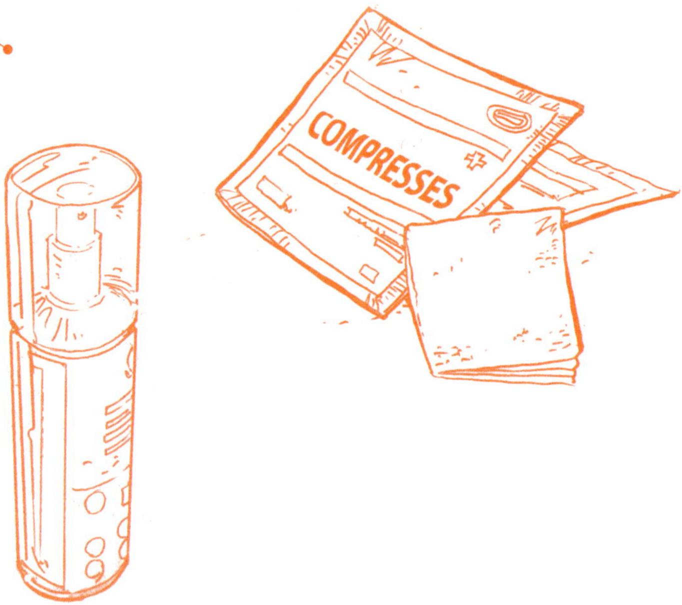

Une serviette

Emportez une serviette en microfibre pour vous sécher si d'aventure vous deviez traverser une étendue d'eau, vous laver ou que vous étiez dans une région humide. La microfibre a un énorme pouvoir absorbant et sèche rapidement, ce qui vous épargnera les odeurs d'humidité ; elle est, en plus, particulièrement compacte et légère.

Du papier hygiénique bio

J'en emporte pour deux raisons. Pour son usage classique et habituel, afin de ne pas laisser trop de traces lorsque je fais mes besoins, mais aussi parce que, en cas de blessure, il est d'un grand secours. Notamment en cas de coupures. Quel que soit le chemin choisi et l'objectif en tête, il est en effet fréquent de s'entailler la peau, et parfois même très profondément. Avant les grandes manœuvres, il faut absolument nettoyer une plaie.

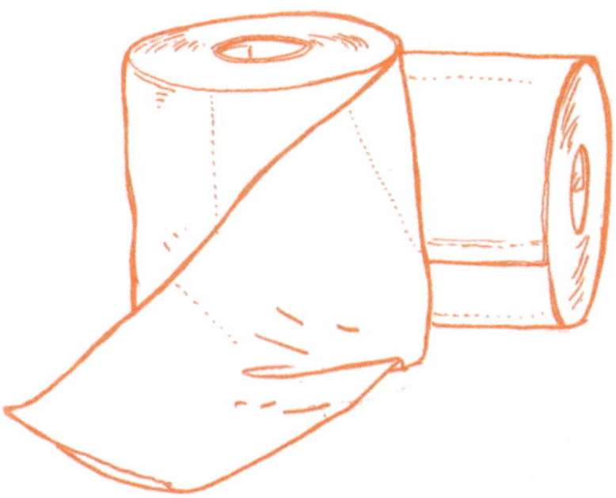

Un bracelet en corde de parachute

Tressé serré, ce bracelet que je porte autour du poignet est une bénédiction, notamment pour ligoter ou lacer une attelle. Car si vous dénouez ce bracelet, assez élégant je trouve, vous aurez sept bons mètres de cordelette particulièrement utiles si vous avez besoin d'attacher une attelle autour d'un membre brisé, par exemple... Les mouvements deviendront alors beaucoup moins douloureux pour la victime, puisque vous aurez empêché le jeu entre l'os et l'articulation.

Certains me rétorqueront peut-être qu'il suffit de couper des branches et d'en faire des attelles beaucoup plus naturelles. N'oubliez pas que vous pouvez tout à fait vous retrouver dans une zone sans arbres, notamment si vous êtes en train de grimper en altitude. Au moment de choisir votre bracelet, envisagez bien chaque option : certains disposent d'une boussole intégrée, d'autres d'un sifflet ou bien d'un petit mousqueton, et il en existe même avec toutes les options.

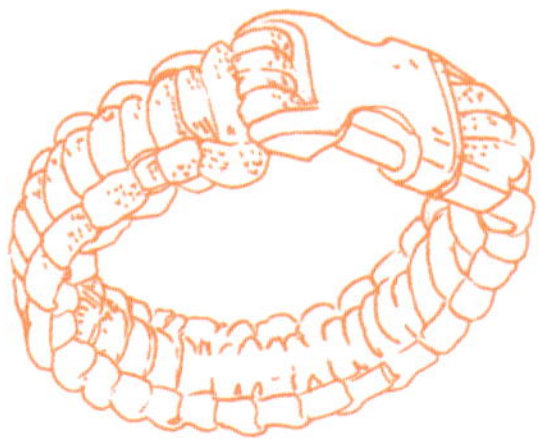

Des serre-câbles

Habituellement, c'est un outil qui permet d'attacher des objets ensemble, mais il peut également servir à réparer une lanière de sac cassée, à remplacer un lacet de chaussure trop usé ou même à vous improviser une boucle d'attache pour votre hamac. Je prends toujours trois ou quatre de ces petits liens en plastique qui, une fois reliés, peuvent prendre la dimension souhaitée et qui, une fois serrés, ne bougeront plus. Et bien que je ne le recommande pas, il a pu m'arriver de m'en servir dans certains cas désespérés comme garrot pour arrêter des saignements trop importants.

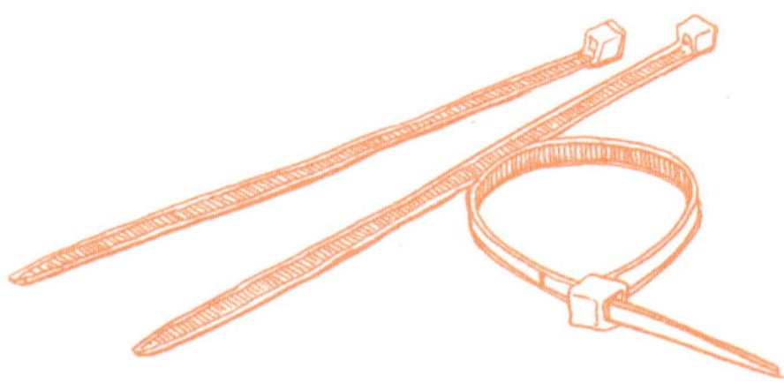

De la colle forte

Je ne le conseille pas en matière de soin, mais certaines urgences ne laissent pas toujours le choix. J'emporte donc systématiquement une colle type superglu car elle agit très rapidement, même sur les blessures. Si je vois une plaie ouverte, plutôt large, je vais prendre mon tube et en faire couler un peu sur la blessure. En serrant fort et en gardant la pression pendant quelques poignées de secondes, voire de minutes, on va pouvoir recoller la plaie. Dans une situation d'urgence, plutôt que de recoudre une plaie, ce qui n'a déjà rien d'évident (surtout si c'est sur soi-même) la superglu peut vous dépanner. L'autre avantage de la colle forte, c'est que son usage ne se limite pas aux soins. Elle peut vous servir à coller une rustine sur votre vélo ou même réparer votre tente avec un patch de tissu.

Je me souviens du navigateur Bertrand de Broc qui, lors du premier Vendée Globe, le tour du monde à la voile en solitaire sans escale et sans assistance, était parvenu à se recoudre la langue tout seul, après se l'être profondément coupée à la suite d'une mauvaise manœuvre. Muni d'une aiguille, d'un fil, d'un miroir pour regarder ce qu'il était en train de faire, et en suivant mot à mot les conseils du médecin à distance, il était parvenu à ses fins et avait pu terminer la course...

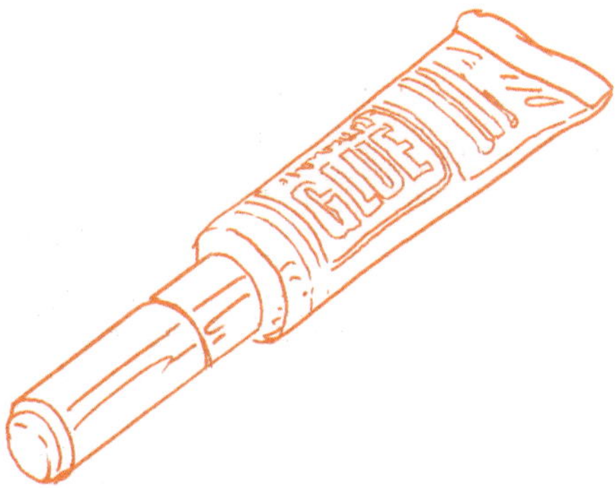

Une attelle pour les cas graves

En pleine nature, que vous soyez seul ou en petit groupe, des accidents graves peuvent survenir. Vous avez vu que le couteau permettait de gagner du temps pour faire place nette, que le papier hygiénique était là pour les premiers travaux de désinfection, mais si vous vous retrouvez face à une blessure importante, un membre cassé par exemple, un poignet, une cheville, il est important d'avoir à sa disposition une attelle pour stabiliser la fracture. Celle que j'emporte est modulable et on peut la mouler autour du bras par exemple, soutenant ainsi l'endroit où la douleur est souvent la plus vive. Elle peut même se révéler particulièrement utile lors d'une blessure au cou, voire à la nuque. Dans ce cas, on la transforme, toujours grâce à sa souplesse d'utilisation, en mentonnière pour soutenir le haut de la colonne vertébrale.

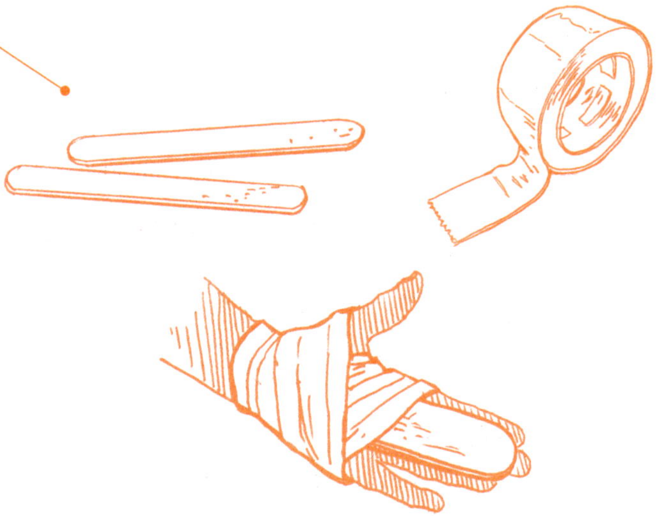

Voilà, c'est aussi simple que cela. S'informer, étudier, chercher et trouver le meilleur matériel, c'est vous donner le maximum de chances d'atteindre le but que vous vous êtes fixé. Une fois tous ces éléments mis bout à bout, disséqués, contrôlés, maîtrisés, l'aventure peut commencer.

UNE LAMPE FRONTALE

C'est probablement l'un des outils les plus importants lorsque vous allez partir en expédition. La nuit, c'est au moins la moitié de votre temps d'expédition – voire la totalité si vous partez aux pôles en hiver –, et si vous n'y voyez rien, vous êtes fichu. J'en prends donc toujours une, ainsi qu'une seconde batterie au lithium que je recharge régulièrement pour l'avoir à disposition immédiatement quand la première en vient à perdre son jus... Elle le perdra sans doute moins vite qu'une batterie normale qui voit fondre rapidement ses capacités, son autonomie aussi bien que sa puissance, plus encore dans les conditions de grand froid, mais c'est inéluctable. Alors, soyez prévoyant.

Je prends également une petite lampe de rien du tout que l'on trouve partout dans le commerce qui pourra se révéler bien utile pour rassurer, ou se signaler à ceux qui seraient à votre recherche, par exemple. Car il faut aussi y penser.

3 Gérer ses ressources pendant l'expédition

Je dirais qu'une fois parti, et quelle que soit la durée de votre expédition, il faut être capable de gérer non seulement ce qui est susceptible de vous arriver, conditions météo, empêchements divers, bris de matériel, blessures plus ou moins graves, et donc d'être réactif et efficace, mais vous devrez avant tout maîtriser tous ces éléments d'une vie normale et des fonctions vitales qu'elle implique.

Je parle bien sûr des ressources humaines, vitales, qui sont les mêmes que celles que nous connaissons tous les jours, mais exacerbées par ce que vous allez entreprendre, en termes de risque et de danger. Il s'agit de manger, de boire, de se reposer et de dormir. Nous ne sommes pas des robots capables de marcher des jours durant sans nous arrêter, sans nous alimenter, nous hydrater ou nous reposer. Personne n'y résisterait, même les mieux entraînés.

Encore une fois, le maître mot reste : discipline. Se fixer des horaires et des contraintes… Le petit déjeuner et ce que vous allez absorber, le temps durant lequel vous allez avancer – je progresse pendant deux heures, je m'arrête, je recharge mon moteur avec des petits aliments simples, caloriques et faciles à assimiler, je repars… À la fin de la journée, surtout ne pas en faire trop, trouver le bon terrain où vous allez camper, maîtriser le montage de la tente – dans les grands froids, il faut être bien rodé et agir extrêmement vite pour ne pas geler –, trouver de l'eau pour préparer le repas, manger chaud pour reconstituer des forces, dormir au moins cinq heures, et ainsi de suite. Encore une fois, ceci n'est qu'un exemple. En fonction du lieu où vous serez, du climat, de votre état, ces rythmes sont personnalisables. Veillez juste à bien les respecter. Devoir abandonner parce que vous n'avez pas respecté ce que vous vouliez mettre en place n'est jamais le choix le plus agréable, même si parfois c'est le seul qui nous reste.

Pour ce qui est des ressources matérielles, là encore il est délicat de formuler un mode opératoire généralisable… Comme le reste, elles dépendront évidemment du projet que vous avez choisi et de la zone dans laquelle vous vous trouverez.

POUR UNE EXPÉDITION EN MER

En mer, lors de mon expédition « Latitude 0 », je mangeais sans jamais me priver. J'avais de quoi. Cathy, mon épouse aujourd'hui disparue, s'était occupée de ma nourriture. Elle m'avait constitué des réserves de boîtes de conserve pour plusieurs personnes et s'était mise aux fourneaux avant de remplir amoureusement des dizaines de petits récipients en plastique qui permettaient de garder les aliments sous vide. Des rösti, du couscous, de la viande séchée, du riz, des pâtes, épices, sardines, champignons séchés, salades de fruits, du muesli, pop-corn, rien ne m'était interdit, j'étais comme un prince en voyage…

Si je partage ce souvenir avec vous, c'est parce qu'un navire, quel qu'il soit, dispose malgré tout de beaucoup plus d'espace que n'importe quel autre moyen de transport que j'ai pu utiliser au cours de mes expéditions. Lors de mon tour du monde en suivant l'équateur, à trois reprises j'ai navigué seul. Il s'agissait pour moi, alors que mon expérience maritime était modeste, de traverser successivement les trois océans qui baignent nos continents.

L'Atlantique d'abord, depuis le Gabon jusqu'au Brésil, le Pacifique ensuite, entre l'Équateur et l'Indonésie, avant de me mesurer à l'océan Indien, de l'Indonésie jusqu'au Kenya.

Mon voilier, un petit multicoque de 8 mètres, était de dimensions modestes quoique bien suffisantes pour un homme seul. Et ce que j'emportais avec moi était sommaire. Du matériel de rechange en cas de casse, des cordages, quelques instruments en double, voire en triple, comme les pilotes automatiques, de quoi fournir l'énergie nécessaire, panneaux solaires, petite éolienne, notamment pour assurer mes transmissions et être ainsi capable de donner de mes nouvelles à ma famille ou de joindre mes équipiers au cas où, et, évidemment, de quoi me nourrir pendant mes traversées.

POUR UN TREK EN PLEINE JUNGLE

En Amérique du Sud, en Asie, ou en Afrique, j'ai dû traverser quelques savanes regorgeant d'animaux plus sauvages que le plus sauvage des êtres humains. Je vous ai déjà raconté que j'avais mémorisé toutes les plantes et tous les animaux qui étaient susceptibles de m'en vouloir. Je regardais toujours à l'intérieur de mes chaussures pour être sûr qu'aucune bête ne s'y trouve. En termes d'équipement, je voyageais léger : un sac à dos, un hamac avec moustiquaire intégrée, deux machettes, de quoi communiquer... Concernant l'antimoustique, il vaut mieux l'acheter sur place, les moustiques n'étant pas les mêmes partout. Pour le reste, se nourrir, boire, ce fut la grande débrouille, il a fallu que je chasse, que je pêche, et surtout que je me décarcasse quotidiennement pour me procurer de l'eau.

POUR UNE AVENTURE EN FROID POLAIRE

Dans les glaces, je suis souvent parti avec un ou deux traîneaux. Ce qui me permet, malgré les restrictions, d'emporter tout ce qui me sera nécessaire, nourriture, tente, équipement de ski, kite, panneaux solaires, matériel de cuisine, fuel en bouteille pour le réchaud + briquets et allumettes, gourde thermos, pelle, chaussures de ski et chaussures de marche, sans oublier quelques vêtements de rechange. Si je devais la décrire, ma tenue de marche classique se présente ainsi, comme des strates enfilées l'une après l'autre : une fine couche de pure laine, une couche de laine polaire plus épaisse, une couche de fibre synthétique, un pantalon et une parka coupe-vent, auxquels s'ajoutent des gants conçus sur le même principe, un bonnet et un masque antifroid. Le tout devant être plutôt léger pour me permettre d'avancer le plus vite possible...

> *Lors de ma première expédition polaire, Børge a passé en revue mon matériel et le jugement tombe “ça, oui ; ça, non ; ça, ça fonctionnera peut-être”. Tranchant d’un coup de canif les élastiques de mes moufles, il m’explique que, pour éviter que mes doigts ne gèlent, rien ne doit entraver ma circulation sanguine. “Tu dois entrer dans tes gants comme une voiture dans un garage.” Puis examinant ma tente, il m’enjoint de m’entraîner à la monter en moins de quarante secondes. “Au-delà, par – 40 °C, tu es mort !” ajoute-t-il froidement. Enfin cadeau suprême, il m’offre la paire de chaussures avec laquelle il avait réalisé ses exploits polaires. D’énormes godillots, six pointures au-dessus de la mienne, capables de faire de la place à mes pieds, aux différentes chaussettes isolantes et autres enveloppes nécessaires et protectrices que je devrai enfiler. “Je veux que tu reviennes avec tous tes orteils”, m’a-t-il dit.*

Même si la place était limitée, je pouvais m’équiper en double (deux paires de skis, des cordes de cerf-volant supplémentaires), en cas de casse ou de perte. D’autant que – psychologiquement, c’est d’un grand soutien – la charge que je tracte diminuera au fil des jours avec les rations alimentaires qui me nourrissent et qui s’amenuisent, ainsi que le fuel que j’utilise tous les soirs pour faire fonctionner mon réchaud. Savoir que ce que l’on tire pèse de moins en moins lourd est un sacré réconfort.

LES RÉSERVES À EMPORTER

C'est un petit ajout pas forcément nécessaire parce que vous devrez aussi composer avec ce que la nature est à même de vous offrir. Il y a ce que je peux me procurer sur place, les poissons que je pêche ou que je harponne, les animaux que je prends au piège, les petits caïmans que j'arrive à capturer à mains nues, sans oublier les feuilles, baies, fruits et les autres aliments que je découvre parfois. Je vous parle là de régions où la nature est bienveillante et presque généreuse. Dans les zones glaciaires, polaires ou alpines, ce n'est pas la même chanson tant il est quasi impossible de trouver sa pitance. Alors j'emporte avec moi ce qui me paraît nécessaire pour vivre en totale autonomie. D'où les traîneaux que je tracte, lourds au départ, moins à l'arrivée puisque j'aurai consommé tout ou partie de ce que j'ai emporté... Voire les sacs à dos dont je m'équipe lorsqu'il s'agit de me lancer vers les plus hauts sommets. Mais là, je ne suis jamais seul, et il est possible de partager la charge à plusieurs, voire de demander le soutien de sherpas, par exemple. D'autre part, si le chemin vers les sommets est long, il existe des camps d'altitude où l'on peut laisser matériel et nourriture ; j'aime en effet grimper vite et légèrement...

Lors de mes préparatifs pour le pôle Nord, il me fallait emporter de quoi m'alimenter pendant la longue et glaciale nuit polaire. Par grand froid, c'est le corps qui réchauffe les habits, et non l'inverse. J'avais calculé qu'il me fallait environ 7 000 calories par jour, soit 1,2 kilo de nourriture ! Multiplié par soixante-dix jours, les soixante de notre trajet selon nos estimations, plus dix jours de sécurité, cela donnait un total d'environ 90 kilos de rations alimentaires à ajouter au reste de notre cargaison de 185 kilos. Soit la moitié de notre chargement ! Après avoir étudié avec un nutritionniste les moyens éventuels d'embarquer le maximum de calories en nous chargeant le moins possible, nous en étions arrivés à la conclusion que rien ne valait les graisses naturelles, huiles et autres sucres lents.

COMMENT SE NOURRIR DANS LES GRANDS PÔLES

Là où la nourriture revêt un rôle absolument prépondérant, c'est lors de mes grandes expéditions vers les pôles. Parce qu'il n'existe là-bas ni supermarchés où faire ses courses, ni garde-manger où les conserver... Quant à chasser, il ne faut même pas y penser. Alors, on emporte tout ce qu'il faut. En général, je commence à ingérer environ 5 800 calories par jour, mais au fur et à mesure je dois augmenter ce chiffre et ingurgiter de plus en plus de nourriture. Pour atteindre parfois le chiffre ahurissant de 12 000 calories par jour, l'équivalent, grosso modo, de ce que vous consommez en une semaine de vie « normale » !

Tout commence à la maison. C'est d'abord une histoire de choix personnel, il vaut mieux partir avec des aliments, ou des plats, que l'on aime, ce sera toujours plus facile que de devoir avaler des choses qui ne font pas plaisir. À condition qu'ils ne pèsent pas trop lourd tout en apportant leur lot de calories. Le mieux étant, une nouvelle fois, le gras... Huile, lait en poudre, fruits secs, café, chocolat, viande ou poisson séché, chips pour l'apport en sel, le tout est mis en sachets sous vide, individuels et numérotés en fonction des jours qui vont passer.

Le festin, c'est le repas du soir. En général, je commence par une petite entrée, genre soupe de poisson séché, de l'eau chaude pour la réhydrater et des chips qui vont gonfler et remplir une partie de l'estomac. C'est le premier plat. Ensuite j'ai le choix entre plusieurs plats à haute teneur gustative et calorique : purée/viande, jambon/pâtes, riz/mouton, pâtes sauce bolognaise. J'ajoute en général du beurre, facilement 200 grammes.

Puis je termine par un dessert, le sucré est confortable et doux, rappelle l'enfance et les bons moments. Crème caramel, riz à la vanille, mousse au chocolat, ce sont toujours des moments de plaisir car il faut s'en ménager lorsque l'on se bat contre Dame Nature...

Je n'oublie jamais non plus, petit luxe, d'emporter quelques gâteries supplémentaires. Tous les dix jours environ, je peux ainsi donner un peu de peps à mes repas. Du fromage, du foie gras, du cake Mike Horn, une recette à base d'armagnac, de fruits secs, de noix, de sucre absorbé par l'alcool et de beurre. Ça sent bon, ça remplit tous les estomacs... Et le plaisir décuplé que je ressens à ces instants me délivre un message fort : être soucieux de son propre plaisir ; manger, c'est une indéniable preuve de vie !

Partir en expédition 4

— EN CONDITION DE SURVIE —

LANCEZ-VOUS DANS L'AVENTURE !

Outre votre préparation mentale, vos aptitudes physiques et la vérification de votre matériel, il va vous falloir apprendre et maîtriser ces gestes et ces attitudes fondamentaux capables d'assurer votre survie. Pour cela, votre adaptabilité et vos capacités à réagir doivent être exacerbées. Quelles que soient les aventures que j'ai vécues, j'ai toujours été confronté à l'imprévu. Parfois le danger a surgi de la nature elle-même, parfois ma vie a été menacée par des hommes que j'ai pu rencontrer, parfois mon pire ennemi n'a été autre que moi-même. À défaut de pouvoir prévenir tous les risques et pallier tous les événements, il est au moins possible d'arriver avec quelques connaissances pour y être préparé. Apprendre à allumer un feu, à le maîtriser, à le conserver, comprendre comment installer son campement, sa tente ou son hamac, savoir où et comment trouver de l'eau...

J'ai décidé de dérouler ces conseils en suivant l'énergie des quatre éléments, souvent vitaux mais aussi, pour certains, potentiellement mortels : le feu, l'eau, l'air, la terre. Ils nous entourent, nous menacent ou nous sauvent, mais surtout, ils nous rappellent la vulnérabilité de notre condition. Pour tenter de ne rien oublier, je terminerai ce livre par les manières de se soigner et de porter secours, par les précautions à prendre et les pièges à éviter. Peut-être vous sentirez-vous enfin prêt. Il sera alors temps de poser le pied sur le terrain que vous avez choisi d'explorer. J'ignore où vos premiers pas vous mèneront, mais puissent-ils vous permettre de réussir le voyage entamé pour aller au bout de vous-même.

1 Maîtriser le feu

En expédition, le feu compte parmi vos ressources essentielles : pour vous nourrir, vous réchauffer, éloigner les prédateurs ou encore émettre un signal de détresse. Le feu réchauffe, le feu éclaire, le feu éloigne – les moustiques comme les animaux sauvages.

J'ai déjà évoqué les outils que j'emporte pour m'assurer de toujours avoir une source de chaleur, mais il est nécessaire de détailler certaines étapes essentielles et de partager avec vous quelques astuces susceptibles de vous faire gagner du temps et de vous aider à l'avenir.

PRÉPAREZ VOTRE FOYER

C'est presque le plus important. Il vous faut du bois sec, parce qu'il brûle plus vite et plus facilement que du bois humide ou mouillé, et que vous perdrez ainsi moins de temps pour vous retrouver au chaud. La maîtrise du temps, en expédition, ce n'est pas de l'argent, c'est la garantie de votre survie. Le temps gagné vous permettra de dormir un peu plus, par exemple.

Une fois votre bois sec amassé, faites-en un tas et posez-le là où vous avez choisi d'installer votre foyer. N'hésitez pas à récupérer tout ce que vous pourrez trouver. Ce n'est pas la peine de commencer à allumer votre feu, si c'est pour vous rendre compte que vous n'en aurez pas assez et courir dans tous les sens pour en trouver. Faites un stock de bois en amont pour pouvoir alimenter votre foyer.

Mémo

Choisissez votre bois soigneusement

Ce n'est pas parce qu'un arbre ou une branche est tombé que son bois sera forcément sec, au contraire... Au contact du sol, il pourra se gorger d'humidité, voire pourrir de l'intérieur. Il ne vous sera alors d'aucune utilité.

Regardez plutôt en hauteur, les branches dépourvues de verdure sont un signe. Si elles se cassent facilement, dans un bruit net et rapide, c'est que leur bois est sec. Regardez bien l'intérieur, portez-le à vos lèvres pour sentir s'il y a ou non une trace d'humidité. Si le bois vous paraît bien, commencez à en récupérer le maximum. Faites alors des tas différents en fonction de leur grosseur. Le petit bois, une pile de branches moyennes et les plus gros morceaux qui se consumeront plus lentement et vous permettront d'entretenir le feu plus longtemps.

Astuce

Pour une bonne combustion

Creusez un petit trou, une cavité dont vous allez tapisser le fond avec quelques cailloux puis des bouts de bois. Vous créerez ainsi un espace sec entre la terre souvent humide et votre feu.

Avec votre couteau, taillez des brindilles, ou des copeaux qui vous aideront considérablement. Déposez-les au fond du trou, sur le tapis de branches un peu plus épaisses, puis construisez comme une petite tour en posant deux bouts de branche parallèle, puis deux autres perpendiculairement aux premiers, et ainsi de suite. L'air s'infiltrera facilement car pour qu'un feu brûle bien, il lui faut de l'oxygène.

Ne chargez pas trop l'ensemble, c'est au fur et à mesure de la combustion que vous ajouterez des plus gros morceaux.

Pour bien démarrer, vous pouvez même utiliser un taille-crayon pour faire des copeaux de bois, à condition d'avoir pensé à en apporter un… Et même, si vous avez du mal à trouver des brindilles et qu'en revanche vous avez des chaussettes un peu sèches, vous pouvez récupérer des petits bouts de laine en tirant dessus. Ils seront parfaits pour lancer votre feu. Enfin, si vous êtes dans une forêt de sapins, dernier petit conseil, avec votre couteau, entaillez-en un et essayez de récupérer la résine qui s'écoule. Avec une bonne lame, c'est assez facile et cela brûlera comme du pétrole…

Pas de résine, mais des épines par terre, ou des pommes de pin ? C'est parfait aussi si elles sont bien sèches. Avantage supplémentaire : l'odeur, douce et enveloppante, permet d'éloigner les moustiques…

ALLUMEZ VOTRE FEU (MÊME SOUS LA PLUIE)

L'allume-feu ou les allumettes étanches restent pour moi ce qu'il y a de mieux. Les allumettes s'allument par tous les temps et mettent une vingtaine de secondes à se consumer, l'allume-feu est plus lent et moins facile à utiliser, mais il fonctionne tout aussi bien. Normalement, le feu devrait prendre… Si c'est le cas, ajoutez alors doucement des petits morceaux de bois pour atteindre une bonne combustion, puis déposez progressivement vos premières branches plus grosses.

Plus la zone où vous vous trouvez et les matériaux que vous utilisez sont humides, plus il sera difficile de créer suffisamment de chaleur pour démarrer votre feu. S'il pleut, la tâche n'en deviendra donc que plus pénible. Mais vous devriez y parvenir, le tout étant d'arriver à obtenir une première flamme, même petite. Concentrez-vous sur une zone de votre foyer qui, si elle reste exposée à la pluie, est au moins à l'abri du vent. Protégez cette flamme jusqu'à ce qu'elle commence à prendre. Continuez à utiliser du petit bois, voire du papier si vous en avez, mais surtout, ne posez pas de bûche tout de suite pour ne pas risquer d'étouffer la flamme.

Si vous êtes à proximité de bouleaux, utilisez-en l'écorce. En effet, elle possède une sorte d'huile naturelle qui la rend étanche. Elle prendra feu rapidement, même lorsqu'il pleut. Vous pouvez aussi, si c'est possible, installer une sorte de bâche au-dessus du foyer pour le protéger. Mais disposez-la suffisamment haut pour qu'elle ne s'enflamme pas...

Astuce

Pour exploiter votre feu

Une fois votre feu allumé, vous pouvez faire chauffer de l'eau, ou poser votre thermos en inox à même le feu pour faire bouillir le liquide. Mais vous pouvez aussi prélever des braises pour créer un second foyer plus petit, pour l'eau de votre thé ou de votre plat lyophilisé. Pour cela, je plante verticalement quatre sardines sur lesquelles je pose un petit carré de grillage que j'emporte souvent avec moi et qui va me servir de plaque chauffante, j'y pose mon gobelet et je fais chauffer mon eau !

ENTRETENEZ VOTRE FEU

Il n'y a rien de meilleur le matin que de se réveiller et de constater que le feu que vous avez laissé lorsque vous vous êtes couché est toujours là alors que le jour se lève à peine. La meilleure solution pour que votre feu continue de brûler pendant que vous vous reposez consiste à répandre, sur les dernières bûches que vous avez posées, la cendre issue des premiers morceaux de bois qui se sont consumés. La cendre permettra au bois de brûler plus lentement et gardera de la braise pour votre réveil. Autre avantage indéniable, la permanence de l'odeur continuera à repousser les insectes indésirables !

Mémo

Éteignez votre feu correctement

Il est évidemment de votre responsabilité d'avoir les connaissances nécessaires pour faire un feu en toute sécurité. Soyez prudent et respectez les règles. Une fois que vous en aurez terminé avec votre feu, où que vous vous trouviez, prenez le temps de vérifier, avant de quitter les lieux, que le foyer ne produit plus de chaleur. Brassez doucement les braises pour vérifier qu'elles sont bien éteintes. Éparpillez de la terre sur les braises et le bois qui n'a pas été brûlé pour conserver au maximum l'aspect naturel du site.

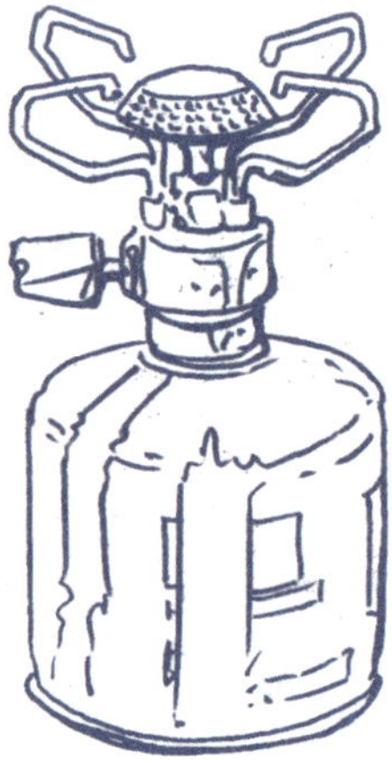

DANS LES RÉGIONS POLAIRES

Au plus profond du continent antarctique, tout comme dans l'Arctique d'ailleurs, il n'existe ni flore ni faune, pas le moindre signe de vie. Le bois y est donc plus que rare – il n'y en a pas, pour tout vous dire. Impossible donc d'allumer un feu. C'est pour cela que j'emporte toujours avec moi un réchaud et du fuel pour le faire fonctionner. Comme je tracte un traîneau, vous savez désormais que je peux me charger davantage que si je pars pour traverser une jungle. Malgré les contraintes évoquées, lorsque mon abri a pris feu et que j'ai dû me construire un igloo afin de me protéger du froid et du vent, je m'en suis sorti. Des secours sont d'ailleurs venus deux jours plus tard m'apporter de quoi m'aider à repartir. Il n'empêche : le réchaud est très utile parce qu'il remplace le feu de bois et il possède quasiment les mêmes qualités, il réchauffe et permet de cuisiner ce qui, là où j'aime me rendre, est amplement suffisant. Son maniement est simple, et son apport indéniable.

Mémo

Maintenez votre chaleur corporelle

Là encore, je ne parle que des régions froides où les températures peuvent atteindre les – 50 °C, voire moins encore, et où tout est une question de vie ou de mort. Retirer ses moufles en plein air par exemple, c'est courir le risque de voir ses doigts geler rapidement… Ou trop transpirer, c'est exposer votre propre sueur au froid, qui la solidifiera. Alors, première règle, avant de vous déshabiller, montez votre tente et faites tout à l'intérieur.

Ce que je fais, c'est que je multiplie les couches de vêtements. Il n'existe pas vraiment d'autres solutions. C'est donc à chacun d'entre vous de trouver le meilleur dosage. Sous-vêtements en laine, je vous l'ai déjà dit, voire sous-couche en synthétique, deux ou trois pulls supplémentaires, une parka à capuche, une veste imperméable et coupe-vent… À cela j'ajoute plusieurs paires de chaussettes, un tour de cou, une cagoule, et des lunettes de soleil polarisées (qui évitent les méfaits de la lumière réverbérée par la blancheur de la neige).

N'oubliez pas, je le répète, que c'est la température de votre corps qui réchauffera vos vêtements, et non l'inverse.

ADAPTEZ-VOUS À L'HUMIDITÉ

Nous le savons tous, on meurt plus facilement de froid que de chaud (sauf si vous avez choisi de traverser un désert de sable en totale autonomie et sans assistance, ce que je ne vous conseillerai guère). Mais dans les régions humides et chaudes, type jungle ou savane, il faut savoir se contenter de peu, à condition que la qualité de ce que vous emportez soit au rendez-vous.

Lorsque je me suis enfoncé dans la jungle amazonienne, pour progresser rapidement sans trop avoir chaud, j'étais vêtu d'un collant de cycliste, lisse et n'offrant pas de prise aux plantes, branches et autres épines, d'une chemise à manches courtes en matériau synthétique qui tient chaud quand il le faut et maintient le corps au frais lorsque les températures et la moiteur de l'air grimpent : la face intérieure reste en effet sèche même lorsque l'extérieur est trempé. J'avais également emporté un poncho pour me protéger des pluies tropicales qui peuvent se montrer régulières et persistantes à certaines saisons. Pour protéger mes pieds, mon principal moyen de locomotion, j'avais opté pour des chaussures légères, genre chaussures de jogging, mais un peu plus perfectionnées. On m'avait conseillé de prendre des chaussures de montagne, montantes et susceptibles de protéger mes pieds et mes chevilles contre les morsures de serpent, mais le fait qu'elles soient plus lourdes et en permanence humides m'avait fait reculer. Il me fallait des chaussures qui, même trempées, restent légères, sèchent rapidement et ne gardent pas l'humidité. En outre, elles devaient protéger mes chevilles et être assez serrées afin d'éviter que de la terre ou des gravillons y entrent. Les semelles, quant à elles, étaient plus souples devant et plus solides derrière, mais toujours rigides et résistantes aux torsions et aux pliures. À l'intérieur, j'enfilais des chaussettes courtes qui ne dépassaient pas la hauteur de mes chaussures, pour éviter qu'elles ne s'accrochent dans les branchages et me fassent chuter. C'est aussi un moyen d'éviter que mes mollets se retrouvent trop serrés et empêchent une bonne circulation sanguine, car la chaleur a tendance à faire gonfler les pieds.

2 Se procurer de l'eau

Ce n'est pas un mystère, mais sans eau, vous êtes foutu ! Les spécialistes disent qu'un être humain qui ne boit pas pendant trois jours n'est alors plus très loin d'y passer. Je dois sans doute pouvoir tenir un peu plus longtemps, mais mes heures seraient malgré tout comptées.

Dans la jungle ou dans la savane, vous ne pouvez pas vous protéger contre la soif en emportant avec vous les réserves nécessaires. Il s'agit donc de subvenir à vos besoins en trouvant sur place ce qu'il vous faut. Dit comme ça, cela paraît facile, mais ne vous y trompez pas... Lorsque j'ai fait le tour du monde en suivant l'équateur, je buvais parfois l'équivalent de 14 litres d'eau par jour, et il me fallait trouver chaque jour de quoi étancher ma soif. Ce qui, vous l'aurez compris, n'est pas une mince affaire.

Lors de mon périple autour de l'équateur, alors que je traversais la forêt amazonienne, il n'était pas rare que je grimpe aux arbres pour trouver de l'eau. Une fois que j'avais trouvé une liane assez longue, je montais aussi haut que possible pour la trancher. Là, de l'eau coulait de la longue tige que je venais de couper. Je redescendais en vitesse et en profitais pour remplir ma gourde. L'eau suintait plutôt qu'elle ne coulait, il me fallait une liane de 10 mètres et un certain temps pour obtenir le litre et demi nécessaire au remplissage de mon récipient.

TROUVEZ DES SOURCES D'EAU

Il faut savoir que l'eau, même quand elle paraît inexistante, peut se trouver. L'eau est partout ou presque, il suffit de savoir où la dénicher.

Dans la jungle, par exemple, il est assez facile d'en puiser dans les lianes, comme je l'ai souvent fait. Le réservoir est abondant et quasiment intarissable. Non seulement ces lianes sont pleines d'eau, mais celle-ci est naturellement filtrée par les fibres de la plante. En revanche, le goût peut varier, certaines sont d'une amertume incroyable qui les rend imbuvables. J'ai heureusement appris à les reconnaître et, à l'intérieur des lianes que je choisissais, l'eau était d'une pureté inouïe et d'une limpidité cristalline.

Autre lieu, autre problème : comment faire lorsque vous êtes dans les régions polaires et plus particulièrement sur la banquise du pôle Nord ? La banquise n'est pas autre chose que de l'eau de mer gelée qui flotte à la surface de l'océan, ce qui signifie qu'elle est salée et donc impropre à la consommation. Il faut apprendre à repérer la neige qui s'y est déposée, ou la glace qui s'est formée à sa surface. Le relief, la configuration du terrain, le goût de la glace vous indiqueront rapidement de quoi elle est constituée. Cela n'a rien d'anodin : chaque soir, à la fois pour étancher ma soif et éviter la déshydratation, mais aussi pour faire chauffer ma nourriture lyophilisée, j'avais besoin de 5 kilos de neige ou de glace...

Près de chez vous aussi, il existe des solutions pour trouver de l'eau. Dans la mousse des forêts, au pied des arbres, par exemple. Récupérez-en un peu et pressez-la entre vos mains, vous verrez que de l'eau s'en écoule, mais qu'elle n'est pas absolument pure : elle contient de nombreuses particules qui la troublent, parfois un peu de terre ou des bactéries. Si vous êtes dans une forêt ou dans un champ, il est également possible de récupérer l'eau de la rosée du matin. Il suffit, là encore, d'utiliser votre tour de cou que vous nouerez au-dessus de vos chaussures. En marchant dans les herbes hautes pleines de rosée, il vous suffira de quelques minutes pour que votre objet à tout faire se gorge d'eau, et ensuite de le presser pour en extraire le précieux liquide.

FILTREZ ET PURIFIEZ VOTRE EAU

Pour la rendre potable, il suffit souvent de la faire bouillir ou d'utiliser un filtre. Il en existe de plusieurs sortes que vous pourrez trouver dans le commerce. Le plus simple, c'est d'utiliser votre linge ou votre tour de cou : posez-le sur votre gourde, enfoncez-le un peu et versez l'eau que vous aurez préalablement récupérée dans votre gobelet de métal par exemple. Le tissu fera alors office de filtre. Vous pouvez aussi découper une bouteille plastique, puis faire quelques trous dans son bouchon. Ensuite, vous déposez quatre couches de filtration au fond de la bouteille renversée, côté bouchon donc. Déposez d'abord du charbon, puis des cailloux, du sable et enfin de l'herbe. Versez alors l'eau que vous avez obtenue en pressant la mousse. En s'écoulant à travers ces quatre couches, ce qui passera par les trous du bouchon sera de l'eau potable. Pas forcément transparente, mais potable. Vous pouvez ensuite, si cela vous chante et pour être vraiment rassuré, la faire bouillir.

Astuce

Pour plus de moyens de filtrer l'eau

L'ingéniosité de l'homme, tout autant que son goût du commerce, lui a permis de concevoir des filtres, moins naturels, que vous pouvez vous procurer en magasin. Ils élimineront les bactéries et autres saletés qui pourraient être contenues dans l'eau que vous avez récupérée. Cela va de la paille à la gourde, jusqu'à la bouteille, toutes munies d'un système de filtrage qui fonctionne plutôt bien. Seul petit hic, si vous partez longtemps, la qualité de la filtration diminuera au fil de l'utilisation.

Pour vous prémunir des maladies genre diarrhée toujours nocives, parce que vous allez alors rapidement vous déshydrater, vous pouvez emporter des pastilles purifiantes. Il suffit d'en mettre environ une par litre d'eau recueilli et elles entrent en action. La seule différence avec un filtre, c'est que celui-ci nettoie et purifie l'eau quand celle-là ne fait que la purifier. Avec les pastilles, l'eau va donc garder sa couleur, voire son goût. Vous pouvez, comme moi, préférer la première solution.

> *Lors de ma descente de l'Amazone, j'avais emporté en prévision un filtre à eau Katadyn, muni d'une pompe dont on plonge l'extrémité, en plastique, dans l'eau à purifier. Celle-ci passe par un filtre en céramique avant de ressortir de l'autre côté, fraîche et d'une propreté irréprochable. Avec un instrument pareil, j'avais l'impression que j'aurais même pu boire l'eau d'une fosse septique...*

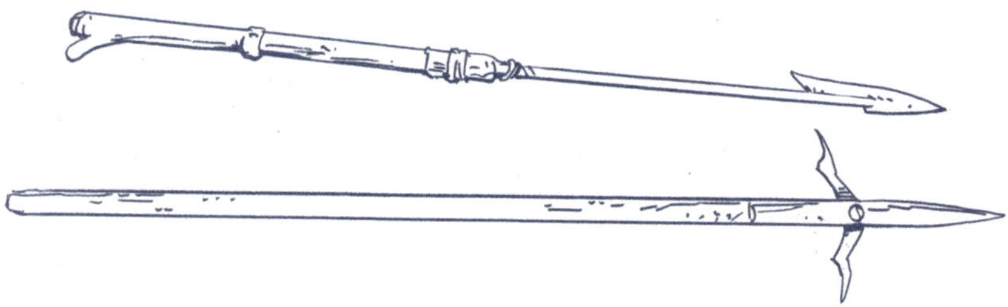

EXPLOITEZ LES RESSOURCES DE L'EAU

Il s'agit essentiellement de pêcher pour trouver dans les fleuves, les rivières, voire les océans de quoi subvenir à nos besoins alimentaires. Un harpon fait main, un hameçon et du fil ou un petit filet suffiront probablement à subvenir à vos besoins alimentaires. Il vous faudra user de patience, accepter de manquer votre coup ou de rater le geste au moment de capturer votre proie. Vos nerfs seront peut-être mis à rude épreuve, mais l'essentiel est de ne pas se décourager.

Si vous utilisez un filet, vérifiez-le souvent, sinon d'autres prédateurs s'assureront de se régaler de vos proies. Vous pouvez sans peine vous fabriquer une canne à pêche si la zone où vous vous trouvez est assez boisée ou que vous disposez d'une sorte de perche, même métallique, et que vous avez emporté un peu de fil. Dans le cas contraire, les fibres végétales peuvent tout à fait faire l'affaire. Assurez vous qu'elles soient résistantes à la pression et tressez-les ou nouez-les au besoin. Vous pouvez aussi vous fabriquer une lance ou un genre d'harpon en attachant solidement votre lame à un manche en bois d'une bonne longueur. Vous pouvez même emporter avec vous un petit trident que vous fixerez au besoin à votre manche pour vous fabriquer une fouine.

Astuce

Pour pêcher de nuit

Muni de votre harpon ou de votre fouine, équipez-vous d'une lampe frontale pour éclairer l'eau durant la nuit. Elle vous permettra de faire briller les yeux des poissons, fascinés par la lumière. Il faut agir vite, frapper avec précision. Et, bien sûr, vous assurer que vos proies sont comestibles avant de les manger. Vous pouvez également vous constituer des réserves, si vous savez à l'avance que vous allez quitter les étendues d'eau pour vous enfoncer dans la jungle ou la forêt, en faisant fumer vos prises. Elles se conserveront ainsi plus longtemps.

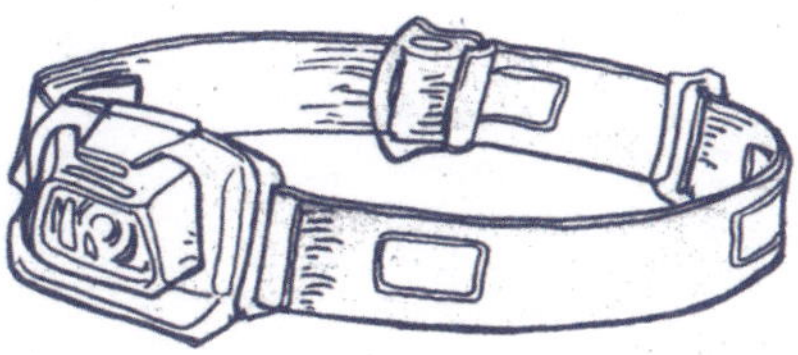

ANTICIPEZ LA DÉSHYDRATATION

Le manque d'eau et de sels minéraux dans votre corps peut occasionner des dommages dramatiques. L'eau étant le principal constituant de notre corps, en manquer peut causer des dommages irréversibles. Votre besoin en eau dépendra à la fois de votre morphologie et de votre corpulence, tout autant que de votre âge. Ce qu'il vous faut en outre savoir, c'est que le corps humain ne peut pas stocker l'eau, au contraire, il l'élimine en permanence, par l'urine, la respiration et surtout la transpiration. Pour maintenir votre belle mécanique en bon état de marche, les pertes en eau doivent donc être compensées par ce que vous allez manger et boire.

Vous comprendrez aisément que, dans ces circonstances particulières, vous allez notamment beaucoup transpirer et qu'il vous faudra continuellement vous hydrater. Vous devrez même boire avant d'avoir soif... Notez que, en cas de diarrhées ou de vomissements, la déshydratation s'accélère. Il en est de même en cas de transpiration excessive, liée par exemple aux canicules que nous connaissons désormais fréquemment, mais aussi aux efforts sportifs prolongés et importants.

Mémo

Identifiez les symptômes

Les premiers symptômes sont assez connus : la sensation de soif, les lèvres sèches, une fatigue anormale, des forces physiques en baisse. Ils s'accompagnent en général d'une perte de poids, on parle d'un équivalent de 5 % de notre propre poids normal. Ce qui n'est pas rien. Ensuite surviennent la déshydratation grave, une soif intense, bouche et langue très sèches, le regard terne, les yeux enfoncés dans leurs orbites, l'apparition de plis cutanés, la peau sèche, froide et pâle. La fièvre s'installe, vous urinez en faible quantité, vous subissez des maux de tête, avez le sentiment d'être désorienté, voire sujet à des premiers vertiges. Enfin surviennent les premiers troubles de la conscience, des malaises, des étourdissements, ainsi qu'une modification de votre comportement qui peut varier, agitation, apathie, grande faiblesse. Si vous perdez plus de 10 % de votre poids, le bon fonctionnement de certains organes peut être altéré. Le cœur, les vaisseaux sanguins, le foie, le cerveau…

Dans ces conditions, il vous faut réagir rapidement. Si vous êtes face à une personne en proie aux premiers symptômes, allongez-la, dévêtez-la pour qu'elle puisse mieux respirer, rafraîchissez-la en appliquant des linges humides sur son visage et son corps, éventez-la, enfin, si vous le pouvez, compensez ces pertes en eau et en sel : donnez-lui à boire fréquemment et plus que d'habitude, notamment des boissons contenant du sucre ou du sel (eau de coco, soda, bouillon de légumes…). En règle générale, tout devrait rentrer dans l'ordre si la déshydratation n'est pas trop grave. Si vous êtes seul et que vous-même en êtes victime, essayez de suivre le même protocole, mais ce ne sera sans doute pas évident… C'est pour cette raison que prévoir des encas adaptés pourrait vous sauver, en vous évitant l'effort et en vous assurant un bon apport en sucre ou en sel.

3 Interpréter le ciel

L'air qui nous entoure n'est pas constant, au contraire, il est en changement continuel et peut rapidement faire tourner le temps ou voiler le ciel. Sur l'eau, les vents nous poussent vers le but, mais peuvent aussi bien coucher notre navire et nous faire chavirer. En haute altitude, ses méfaits sont pires encore : le froid qu'il répand, la glace qu'il engendre, les avalanches qu'il suscite sont les preuves ultimes de sa puissance.

Alors pour celui qui entreprend un voyage, il est nécessaire de bien mesurer l'importance des prévisions météo, de deviner la tournure que le vent peut donner au temps, de traduire la signification des odeurs que les souffles d'Éole nous envoient, et de se repérer en lisant le ciel et les étoiles.

APPRENEZ À PRÉVOIR LA MÉTÉO

La première chose pour faire face aux évolutions possibles des conditions climatiques concerne la façon dont vous aurez préparé votre aventure. Plus vous aurez enregistré d'informations sur les systèmes météo qui règnent sur la région que vous avez choisi d'arpenter, y compris en fonction des saisons, moins vous serez surpris par ce qui vous attendra. Même si, et c'est le grand jeu de la nature, il peut arriver que rien ne se déroule comme prévu. Une fois en route, il est donc primordial d'avoir un moyen de rester en contact avec ceux qui sont en mesure de vous donner les informations dont vous avez besoin. Avoir une vision, pas forcément ultraprécise, de l'évolution de la météo est toujours un plus, savoir où et comment trouver des renseignements en est un autre.

Ainsi, en mer, il existe de nombreuses façons de recevoir des informations : des bulletins météo quotidiens sont envoyés selon différents systèmes en fonction des régions du monde, des applications – comme Windy, mais il en existe beaucoup d'autres – sont universellement téléchargées... Avoir un téléphone à bord est désormais une nécessité rassurante, même si la portée de l'objet est parfois limitée. Rien ne vaut en fait la bonne vieille VHF (la *Very High Frequency* permet de communiquer via les ondes hertziennes), lorsque vous n'êtes pas trop loin des côtes, qui diffuse à horaire fixe des bulletins météo, voire des BMS (bulletins météo spéciaux) en cas d'urgence. La BLU (bande latérale unique) fonctionne sensiblement de la même façon au détail près que sa portée est plus étendue et fonctionne même lorsque vous êtes au large. Enfin, le Navtex (*Navigational Textmessages*), moins connu, permet de recevoir automatiquement des bulletins ou des alertes météo, et de les stocker sur votre ordinateur (si vous en avez un). Vous n'êtes donc plus astreint à des contraintes horaires comme avec la VHF ou la BLU.

En plus de ces différents systèmes, vous pouvez aussi établir des liaisons avec des garde-côtes, des navires croisant dans la même région que vous, un brise-glace, un cargo, un porte-container, qu'il est toujours possible d'appeler : la solidarité des gens de mer et l'aide qu'ils aiment dispenser ne sont pas une légende.

ORIENTEZ-VOUS GRÂCE AUX ÉTOILES

La course du soleil, comme celle des étoiles, communique des informations vitales lorsqu'il s'agit de vérifier la direction que nous suivons. Prenez l'étoile Polaire, celle qui brille plus que les autres dans notre hémisphère Nord et nous indique la direction du pôle par son alignement avec l'axe de rotation de la Terre. Parce qu'elle semble immobile, elle est l'un des indicateurs les plus fiables. Pour la dénicher, c'est assez simple : c'est l'étoile qui termine la constellation de la Petite Ourse, aussi appelée la « Casserole ».

Toujours dans l'hémisphère Nord, en repérant la célèbre constellation d'Orion, qui ressemble à une sorte de sablier un peu écrasé, vous serez capable de situer le sud. Il faut trouver ce que les spécialistes appellent « l'épée d'Orion », deux étoiles, l'une nette, l'autre floue, dont la pointe la plus basse vous indiquera la direction recherchée.

Dans l'hémisphère Sud, pour trouver le sud, il faut chercher la Croix du Sud : quatre étoiles formant une croix. Le sud vous sera indiqué en traçant une ligne droite passant par les deux étoiles de l'axe horizontal.

Parce que la Terre tourne d'ouest en est, les étoiles donnent la sensation de se déplacer à l'inverse d'est en ouest. Vous pouvez aligner deux bâtons enfoncés dans le sol par rapport à une étoile que vous aurez repérée, peu importe laquelle. Au bout de quelques minutes, regardez comment se situe l'étoile que vous avez choisie. Si elle a monté par rapport à vos deux bâtons alignés, vous faites face à l'est, si elle est descendue, vous regardez vers l'ouest. Si elle s'est déplacée vers la gauche, c'est que vous êtes face au nord et si elle a semblé au contraire bouger vers la droite, c'est que vous regardez vers le sud. Si vous vous croyez perdu, tout d'abord ne paniquez pas. Prenez le temps de respirer et de vous calmer. Rappelez-vous que vous êtes sur la planète, vous n'êtes donc pas perdu.

SI VOUS NAVIGUEZ EN MER

Vous pouvez, comme de tout temps, faire confiance aux étoiles pour estimer grosso modo où vous vous trouvez, ou vérifier la direction que vous êtes en train de suivre... Sinon, si vous êtes équipé d'un matériel moderne de localisation, l'affaire est bien plus simple : vous disposez désormais de la ronde infinie des satellites qui vous abreuveront de données géographiques. À tout instant, vous connaîtrez votre cap et votre position. Et si le système tombe en rade, vous aurez recours au sextant dont le maniement est un peu complexe, mais maîtrisable par tous – à condition bien sûr d'emporter l'appareil mythique et d'avoir une calculatrice pour déterminer plus facilement votre position –, et vous pourrez toujours trouver la latitude à laquelle vous êtes. Pour le reste, faites confiance à votre bonne étoile !

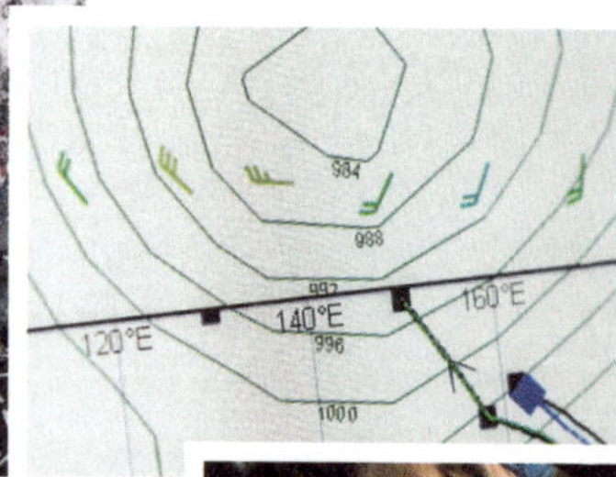

Je me suis entouré d'excellents formateurs comme Stève Ravussin, ami suisse et grand skipper devant l'éternel, qui m'a appris les fondements de la navigation océanique à la voile : le maniement des cordages, les drisses pour hisser ou affaler les voiles, les écoutes pour les régler, le fonctionnement d'un pilote automatique – celui qui souvent a des problèmes techniques m'obligeant parfois à barrer des jours entiers –, ou encore la technique pour affronter les tempêtes : réduire la voilure, se mettre en panne, toutes voiles affalées, en se laissant pousser par le vent à condition qu'il ne nous emmène pas vers la terre !

Il vous arrivera sans doute aussi, comme à moi, d'employer d'autres modes de navigation pour traverser des lacs, franchir fleuves, rivières, torrents ou rapides, et tout moyen pourra être utilisé, canoë, kayak, pirogue, petit voilier local, voire bateau gonflable. Là encore, au risque de me répéter, réunissez des informations sur la zone où vous allez vous aventurer, sur les dangers éventuels, la virulence des pluies, la fréquence et la force des tempêtes, car elles ne se forment pas seulement sur les mers ou les océans...

REPÉREZ-VOUS DANS LA JUNGLE

En général, j'utilise le moyen le plus simple et le plus connu, la boussole, qui m'indique la direction que je veux suivre. Pour compenser l'attraction magnétique, plus forte au fur et à mesure que l'on s'éloigne de l'équateur, et qui fait un peu dévier l'aiguille de l'instrument, il faut parfois ajouter une poignée de degrés par rapport à la direction que vous souhaitez suivre. Cette « variation », comme on l'appelle dans la marine, oblige à recalculer tous les ans la déviation de votre instrument si celui-ci n'est pas de première jeunesse.

Une carte, plastifiée et pliable, même à grande échelle, permet de suivre son cheminement sur une durée plus longue, de se rendre compte du parcours déjà effectué et surtout de celui qu'il reste à accomplir. Elle permet aussi parfois d'éviter, au prix d'un détour, des zones plus ou moins fréquentables, fleuves, marécages, tribus indigènes, réserves où le Blanc n'est pas forcément le bienvenu...

J'emporte souvent avec moi un GPS portable, mais je n'ai nul besoin de l'allumer en permanence. De temps en temps, je le mets en marche pour simplement constater que je n'ai pas trop dévié par rapport à mon cap initial. Souvent d'ailleurs, j'ignore ma position exacte, mais je sais toujours à peu près où je me trouve. Ce qui, lorsque vous traverserez une jungle, une savane ou une forêt, sera amplement suffisant.

DANS LES RÉGIONS POLAIRES

Aux extrémités du monde, la première qualité est de savoir rester calme, car les vents sont parfois si intenses que l'on n'y voit plus rien. Ils sont probablement les premiers ennemis naturels de l'explorateur. Les seconds seraient les couleurs qui se confondent, en particulier durant les jours polaires, ou l'absence de visibilité et de contrastes qui empêchent de distinguer les reliefs.

Dans l'Arctique comme dans l'Antarctique, tout est blanc, le ciel, la terre ou la banquise se confondent souvent, gommant les repères. Parfois, nous avons le sentiment de n'être que de pauvres aveugles incapables de distinguer ce qui les entoure et qui, même munis d'une canne, ne trouveront jamais plus leur chemin. Des explorateurs ont été retrouvés morts de froid à quelques mètres de leur tente qu'ils n'étaient pas parvenus à localiser.

En revanche, s'il fait jour et si la visibilité est bonne, le sens de l'observation peut permettre de s'y retrouver. La trace que laissent les vents, les dépôts de neige, les amas de glace sont toujours des moyens de comprendre où nous sommes et comment fonctionne le système dans lequel nous évoluons.

Ainsi – c'est un exemple –, si je sais qu'à tel instant, dans cette partie du globe, les vents dominants viennent du nord-ouest, et que je ressens leur angle d'attaque sur une partie de mon visage, je comprends facilement ce qu'il me reste à faire. De même, si jamais j'avance avec des skis et des bâtons, je peux fixer des petits morceaux de tissu sur ceux-ci pour voir d'où provient le vent. Il est ensuite assez facile de prendre la direction que je souhaite suivre…

> *Plus on se rapproche des pôles, plus les boussoles perdent le nord ; plus il fait froid, moins les cristaux liquides de nos GPS fonctionnent ; et surtout plus la nuit polaire commence à nous envelopper, plus elle empêche d'observer la course du soleil.*

RECONNAISSEZ LES ODEURS

L'évolution du monde a sans doute détérioré quelque peu cette faculté à sentir pour ressentir. Pourtant, le vent emporte avec lui toutes les odeurs capables de devenir de puissantes informations sur ce qui nous entoure une fois décelées et analysées. La faune, la flore, mais les minéraux aussi possèdent chacun leur identité propre... Je garderai toujours en mémoire certains parfums que m'a envoyés la terre lorsque je m'en rapprochais à l'issue d'une traversée océanique. Je n'ai pas non plus oublié ces relents de glaise, forts, lourds et entêtants, autour du delta de l'Amazone que je ne distinguais pas encore. Ils se mélangeaient aux effluves de sel, puis de plantes... Ces senteurs mêlées ne m'envoyaient qu'un seul et unique message : j'étais parvenu à traverser l'Atlantique !

> *Alors que je venais de traverser l'océan à mes risques et périls, alors que, fatigué par dix-neuf jours de mer dantesque, je me rapprochais du Brésil, je me souviendrai toujours des odeurs que la terre commença à me renvoyer. Comme si, livré à lui-même, mon nez s'était accoutumé à la finesse des senteurs qui montaient en volutes. J'avais désormais l'impression d'être capable de tout sentir. En mer, j'avais senti les tempêtes approcher, en mer, j'avais reconnu, même de nuit, la puanteur si particulière de l'haleine des baleines, faucheuses gigantesques de poissons et usines à remugles infâmes... J'avais, sans m'en rendre compte, surdéveloppé ce sens si peu utilisé dans nos vies de tous les jours.*

4 La nature et ses ressources

C'est celle qui nous a vu naître, c'est celle qui nous accueille et nous permet de nous déplacer. La connaître est une obligation pour qui pense toujours être capable de la dompter. Pourtant, ce n'est jamais aussi facile que l'homme l'imagine.

La première fois que vous vous retrouverez loin de toute habitation, de tout commerce et sans doute de tout être humain, il va falloir vous débrouiller seul. La nature ne doit pas être considérée comme votre ennemie, au contraire, il s'agit de faire corps avec elle et d'utiliser tout ce qu'elle vous propose. Où que vous soyez, vous devriez avoir à disposition de quoi vous alimenter, et également de quoi étancher votre soif. Allez-y là encore prudemment, testez les plantes, les fruits que vous découvrirez, goûtez l'eau de la rivière, faites attention si vous faites un feu… Bref, respectez votre environnement et laissez-le propre lorsque vous repartirez.

IDENTIFIEZ LES TRACES ET LES EMPREINTES

Je ne suis pas de ces éclaireurs indiens qui, à l'époque du Far West, aidaient les colons venus d'Europe à soumettre les tribus pour leur voler leur terre. Dans combien de films les voit-on regarder par terre, humer un reste de feu de bois ou recueillir les traces minimes d'un passage. Mais, sans doute par la grâce de mon passé d'officier des Forces spéciales sud-africaines, j'ai conservé quelques-unes de ces techniques qui me permettent de récupérer des informations sur le milieu qui m'entoure. Une déjection d'ours polaire dans l'Arctique vous indique, par exemple, s'il est en chasse ou s'il est repu. Quelques poils de fourrure à l'intérieur signifient qu'il s'est probablement rassasié il y a peu d'un phoque. Ce qui laisse quelque répit pour lui échapper : il ne repartira pas en chasse dans l'immédiat…

Dans des contrées plus familières, vous pourrez assez vite apprendre à reconnaître des traces de sabots ou de pattes, des chants d'oiseaux, des crottes d'animaux. La nature n'est jamais silencieuse où que l'on se trouve, et plus encore la nuit où tous nos sens sont exacerbés. Même dans le plus profond des déserts, chaud ou froid, il se passera toujours quelque chose. Le sable qui vole, le crissement d'un rongeur ou d'un serpent des sables, le bruit de la glace qui se fend ou des plaques qui s'entrechoquent… Écoutez, regardez, reniflez, apprenez, vous serez étonné de voir et surtout d'entendre ce qui se déroule autour de vous.

> *Je me souviens d'une tempête si violente dans l'océan Indien que j'ai dû me mettre à l'arrêt avec le modeste trimaran qui me servait de navire. Mais au moment où j'ai opéré un demi-tour pour simplement me laisser pousser par la violence du vent, le voilier a chaviré. J'ai alors cru que l'océan allait l'engloutir, et moi avec. Une vague haute et forte l'a rétabli. Ensuite ? J'ai fait le dos rond et tenté de diriger tant bien que mal mon navire. Je n'ai pas dormi une seconde pendant quatre jours, le temps que la tempête se calme.*

APPRENEZ À FAIRE DES NŒUDS

Dans un remarquable ouvrage, *Le Grand Livre des nœuds*, traduit dans les années 1990 mais difficile à trouver aujourd'hui, l'Américain Clifford W. Ashley a répertorié et dessiné plus de 3 800 nœuds. Des nœuds de marins, de montagnards, de pêcheurs, de tapissiers, de soyeux… donnant à son livre un parfum de poésie naïve. Il n'est pas question de connaître tous les nœuds, j'en utilise moi-même une vingtaine, guère plus. Mais ils pourront vous aider, voire vous sauver dans de nombreuses situations. Lorsque vous naviguerez bien sûr, mais aussi lorsqu'il s'agira d'attacher quelque chose, un sac, un hamac ou n'importe quoi d'autre.

Les nœuds d'arrêt

Ils empêchent un cordage de glisser ou de bouger sur un point, fixe ou pas. Ce sont les plus simples et, parmi ceux-ci, je recommande le nœud de capucin, particulièrement utile lorsque vous voulez alourdir l'extrémité d'un cordage, pour le lancer vers quelqu'un, par exemple ; ou le le nœud de cabestan, utilisé surtout en mer, mais dont on peut aussi se servir pour quelques autres usages comme autour d'une branche. Il existe plusieurs ouvrages admirablement illustrés, ainsi que de nombreux tutos souvent très bien faits. Tous pourront vous aider à acquérir une petite expérience dans cet exercice.

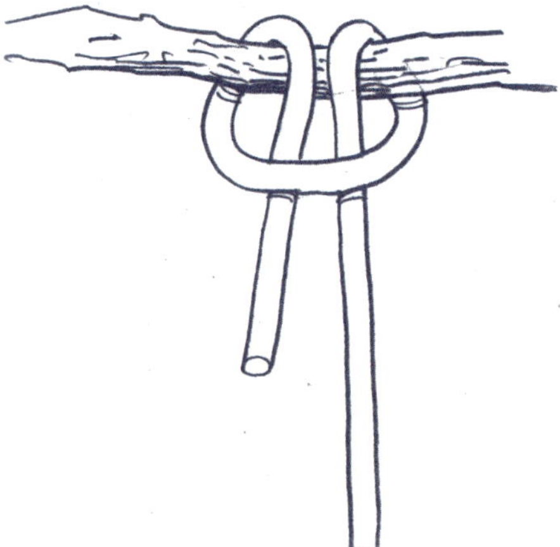

Les nœuds d'ajut

Ils permettent de nouer ou de relier deux cordages différents. Parmi ceux-ci le nœud de pêcheur, rapide à faire parce qu'il s'agit juste de faire un nœud simple autour de chacune des deux cordes que vous voulez rabouter, le nœud d'écoute, solide et pratique, voire le nœud d'herbe, constitué de deux demi-clés.

Les boucles fixes

Elles vous seront utiles tout le temps et partout. Notamment le célébrissime nœud de chaise, le nœud mythique qui peut servir à tout ou presque... Il existe un moyen mnémotechnique qui vaut ce qu'il vaut, mais que je vous livre quand même : « Le serpent sort du puits, tourne autour de l'arbre et rentre dans le puits. » Il faut d'abord faire une boucle simple avec votre cordage. Ensuite, en prenant l'extrémité la plus courte, vous la faites ressortir de la boucle (le serpent sort du puits). Puis vous la faites passer derrière le cordage (le serpent fait le tour de l'arbre), et vous la faites rentrer à nouveau dans la boucle (le serpent retourne dans le puits). Il ne vous reste qu'à serrer doucement. Vous avez fait un nœud de chaise.

Mémo

Assurez vos prises

J'ai deux mains et deux pieds, comme tout un chacun, et même si j'ai dû faire le deuil de quelques phalanges et autres extrémités, je conserve toujours une forme d'agilité qui convient amplement à mes aspirations, en montagne ou ailleurs. Le secret est de toujours bien s'assurer et de ne pas aller trop vite. Pensez systématiquement à avoir trois prises solides avant de bouger le quatrième de vos membres. Ainsi, vous aurez la certitude de ne pas tomber. Ne vous croyez pas aussi agile qu'un écureuil ou qu'un léopard, prenez votre temps, et vous grimperez sans stress...

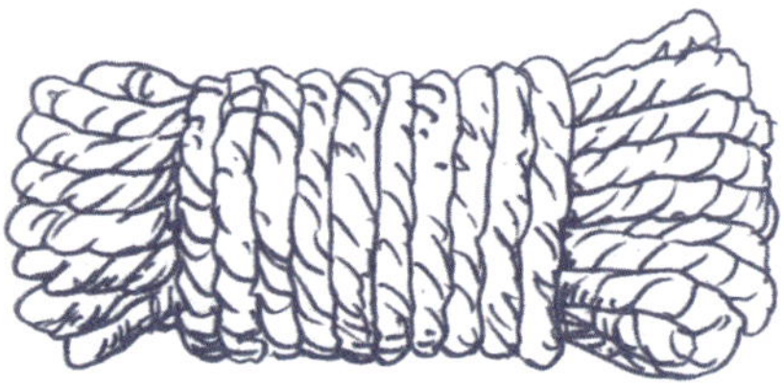

ÉTABLISSEZ VOTRE CAMP

Définir l'endroit où vous allez dormir est encore une fois un geste décisif. Dans la jungle, je vous ai déjà expliqué qu'il vaut mieux dormir en l'air, en attachant votre hamac autour de deux troncs d'arbres, pour éviter de vous faire attaquer ou surprendre par un animal en chasse.

Dans les zones polaires, et plus particulièrement sur la banquise, mouvante et capricieuse, le choix de l'emplacement sera à faire avec une extrême prudence. Il ne faut pas que la banquise trop mince se brise, ou qu'elle se déplace soudainement et vous précipite dans l'eau. Cherchez toujours un endroit où la glace semble assez solide, c'est la base du succès et la garantie que rien de néfaste ne vous arrivera pendant votre sommeil.

Mais même si vous vous trouvez dans des contrées moins dangereuses, vous devez définir soigneusement l'emplacement de votre tente ou de votre bivouac. Prenez le temps d'analyser l'environnement, choisissez plutôt un terrain plat, regardez s'il y a un cours d'eau proche susceptible de gonfler à grande vitesse, même l'été. Des lâchers de barrage sont fréquemment effectués pour irriguer les champs et les cultures en aval... De même, l'été, méfiez-vous des orages violents et surtout de la foudre, souvent fréquente à cette période-là. En cas d'orage, n'allez surtout pas vous réfugier sous les arbres, car ce sont eux qui attirent les éclairs. Il vaut mieux aller au milieu d'un pré ou d'un champ, se coucher par terre, bras et jambes écartés, et toucher le sol jusqu'à faire corps avec lui. Ainsi, si jamais vous étiez frappé par la foudre, elle passerait à travers votre corps et vous ne brûleriez pas comme une saucisse ! C'est un principe que tout le monde devrait connaître : la foudre est toujours comme aimantée par les points les plus hauts ou par les objets métalliques. De la même façon, si vous avancez avec des bâtons de ski, en cas d'orage, pliez-les si vous le pouvez et enfouissez-les au plus profond de votre sac à dos.

FABRIQUEZ VOTRE ABRI

Si vous optez pour un couchage à même le sol, assurez-vous de l'étanchéité de votre toit, car si vous ne pourrez pas éviter l'humidité qui remonte du sol au petit matin, vous pourrez au moins vous protéger de la rosée. Commencez par une armature en bois à partir d'une branche épaisse et centrale qui viendra reposer sur plusieurs sortes d'arceaux en croix. Occupez-vous ensuite de solidifier votre hutte avant d'ajouter, au mieux de la mousse, sinon des branches feuillues ou de larges feuilles pour l'étanchéité.

Mémo

Prévoyez des sanitaires

Pour vos besoins, faites comme moi, un trou que vous reboucherez. Si vous avez oublié votre papier biodégradable, vous pouvez utiliser des feuilles d'arbre ou du papier classique. Avant de tout recouvrir, vous pouvez même le faire brûler pour qu'il n'en reste presque plus rien. C'est ce que je fais lorsque je suis aux pôles, sans même sortir de ma tente, un trou dans la glace que je rebouche aussitôt…

POSEZ DES PIÈGES

Dans certaines parties du monde, la devise vitale est simple : « Il vaut mieux chasser qu'être chassé. » Je l'ai expérimenté à de nombreuses reprises. Là encore, de mon enfance, j'avais gardé quelques astuces pour me procurer de la viande fraîche.

Dans la jungle notamment, où fabriquer des pièges est une nécessité. J'ai posé des collets plus ou moins fonctionnels, j'ai inventé des pièges pour capturer de petits animaux, je me suis jeté à l'eau pour m'emparer de jeunes caïmans, délicieux au gril, j'ai enfin pêché et harponné les poissons des fleuves. Chaque fois, je me suis régalé.

IDENTIFIEZ CE QUI EST COMESTIBLE OU PAS

Pour ce qui est des plantes et des fruits, notamment dans la jungle, car dans les zones polaires, la diversité de ce que l'on peut récupérer est proche de zéro – mis à part la neige ou la glace que je fais fondre pour avoir de l'eau, j'utilisais un moyen assez simple pour vérifier s'ils étaient comestibles. J'en plaçais un petit morceau sous ma langue et j'attendais quelques minutes : si au bout de ce laps de temps, je me sentais fiévreux ou que j'avais la tête qui commençait à tourner, je le recrachais. Je savais que cela ne me ferait aucun bien.

Sinon, j'avais une autre méthode qui consistait à observer les nombreux singes qui m'entouraient et à essayer de voir ce qu'ils mangeaient. Tout ce qu'ingurgite un quadrupède est bon pour un bipède.

PRÉPAREZ VOTRE NOURRITURE

Deux choses importantes : manger frais et se constituer des réserves, notamment en fumant ce qui n'a pas été mangé. Pour cela, il faut lancer un petit feu, attendre que les braises rougeoient et déposer par-dessus du bois un peu humide qui va dégager de la fumée. C'est cette fumée qui va à la fois sécher la viande ou le poisson – découpés en lamelles pour qu'elle y pénètre plus facilement – et empêcher les bactéries de se développer. Le poisson se fume d'ailleurs remarquablement bien, et c'est assez rapide. Pour la viande, c'est un peu plus long. Les Inuits, par exemple, sont les spécialistes de ce type de conservation.

J'ai même découvert un jour, dans la jungle, des œufs de tortue. Un délice absolu : bouillis ou crus, je pouvais en dévorer des dizaines et en conserver quelques autres en réserve.

5 Faire face aux dangers

Dans ce grand voyage que vous comptez faire, il ne faut évidemment jamais négliger les soucis qui peuvent vous être causés. De deux choses l'une, soit vous êtes la victime, et si vous êtes seul, il faudra vous soigner vous-même, soit c'est l'un de vos compagnons d'aventure qui est atteint, dans ce cas-là, il vaut mieux connaître les quelques gestes qui sauvent. Aussi, n'hésitez pas à suivre quelques cours de secourisme, de nombreuses organisations ou associations en proposent, que ce soit la Croix-Rouge, la Protection civile ou d'autres, en France ou en Suisse.

Si vous faites face à une situation alarmante durant votre expédition, tâchez de rester aussi calme que possible. Avant toute chose, il vous faudra sécuriser le lieu où vous vous trouvez, pour que rien d'autre ne vienne gêner votre action. Essayez d'établir un premier diagnostic, en questionnant la victime ou en essayant de comprendre ce qui a pu se passer. Si vous êtes dans une zone où il est possible d'appeler, essayez de joindre les secours. Puis tentez les premiers gestes de secours, mais uniquement si vous les maîtrisez parfaitement.

PRÉVENEZ UN ÉTOUFFEMENT

Le cas le plus probable est que la victime ait avalé quelque chose de travers. Maintenez-la debout avec l'un de vos bras, penchez-la un peu en avant et assénez quelques claques dans son dos pour la faire tousser. Une série de cinq pour commencer, arrêtez-vous chaque fois pour vérifier si l'objet a été recraché. Si c'est le cas, laissez simplement votre partenaire reprendre ses esprits : lorsque l'on s'étouffe, le cœur peut s'emballer.

Vous pouvez aussi, toujours en vous tenant derrière la victime, placer vos deux bras au-dessus de son abdomen, la pencher vers l'avant puis placer un de vos poings un peu au-dessus de son nombril, au niveau de l'extrémité inférieure du sternum. Avec votre autre main, vous maintenez votre poing et l'enfoncez à la fois vers vous et vers le haut. Là aussi, répétez ce geste cinq fois. Cela devrait suffire.

ÉVITEZ LES COUPS DE CHALEUR

L'insolation survient dès que le corps n'est plus en mesure de se refroidir correctement. Assez courante dans les régions tropicales, surtout quand nous n'habitons pas nous-même dans un pays chaud, elle peut devenir très vite dangereuse. Faites particulièrement attention durant les 48 heures qui suivent votre arrivée, surtout en cas de décalage horaire important. Les symptômes apparaissent généralement en fin de journée ou au cours d'un effort prolongé : malaise général, fièvre, frissons, maux de tête et de ventre, et parfois vomissements. Éviter les coups de chaleur n'est pas compliqué. Choisissez des vêtements, légers, de couleur claire sans oublier de toujours porter un chapeau. Hydratez-vous en permanence, même si la soif ne se fait pas ressentir. Les boissons alcoolisées et caféinées sont à proscrire. Pendant les heures les plus chaudes de la journée (entre 11 et 16 heures), n'hésitez pas à vous mettre à l'ombre et à vous rafraîchir avec un linge mouillé.

RÉAGISSEZ À UNE PERTE DE CONSCIENCE

Assurez-vous que la personne est bien inconsciente, puis dégagez ses voies aériennes, la bouche et le nez... Vérifiez qu'elle respire, et, si oui, mettez-la en position latérale de sécurité (PLS). Attention en la retournant, il faut agir avec douceur et méthode, d'abord en prenant la victime au niveau du torse et du genou, et en restant du côté où vous allez la retourner. Puis faites-la doucement basculer vers vous. Mettez-la en position dite « en chien de fusil », une jambe tendue sur le sol, l'autre repliée par-dessus, un bras soutenant la tête alors que la seconde main, placée sous la tête, servira « d'oreiller », ouvrez la bouche de la victime pour favoriser les écoulements éventuels, tête alignée dans l'axe du dos. Là encore, prévenez les secours dès que possible, un évanouissement n'est jamais un très bon signe.

STOPPEZ UN SAIGNEMENT

Pas de panique, la vue du sang fait souvent peur. Respirez tranquillement. Si vous pouvez, évitez tout contact avec le sang de la victime,mais vous n'aurez peut-être pas le choix, ni le temps. Exercez immédiatement avec la main ou le poing une pression sur la plaie ouverte, compressez la blessure ou la zone d'où jaillit le sang.

Si vous sentez que l'écoulement ralentit, utilisez un linge propre pour confectionner un tampon et utilisez-le pour compresser la blessure. Il faut avoir suffisamment de tissu pour faire deux ou trois fois le tour du membre blessé et recouvrir entièrement la blessure. Serrez assez fort, mais pas trop pour que la circulation sanguine ne soit pas altérée. Mettez un second tampon pour comprimer le premier si l'hémorragie continue.

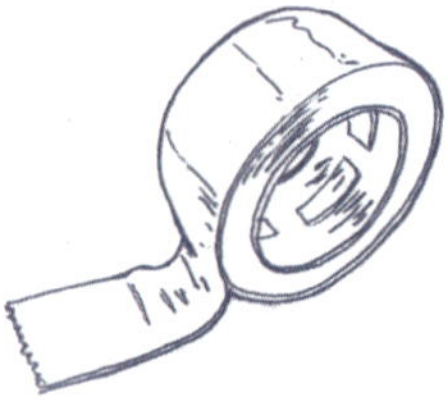 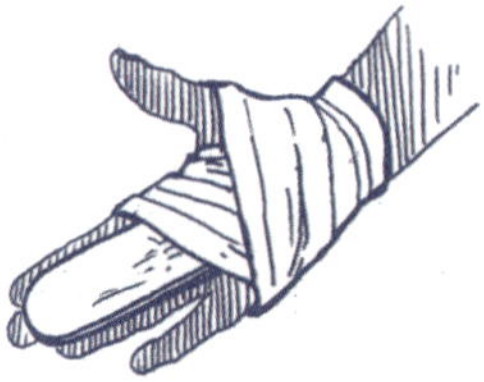 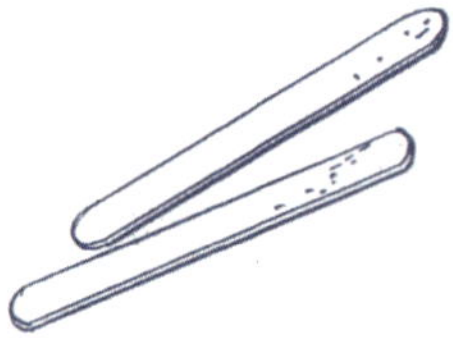

FABRIQUEZ UN BANDAGE DE FORTUNE

En ce qui me concerne, lorsque je suis sur des trajets plus engagés, j'emporte avec moi de quoi me soigner. C'est parfois un peu rude. Je vous ai déjà parlé des attelles et de ces sortes de minerves pour soulager un membre brisé, une entorse ou un problème articulaire. Mais il m'est aussi arrivé d'utiliser de la superglu pour refermer des plaies ou pour replacer des dents que le froid glacial avait fait exploser. J'ai même parfois utilisé la mèche de ma perceuse à main, voire une longue aiguille, pour soulager en les perforant quelques ongles de pied en train de geler. Ce que vous devez garder à l'esprit, c'est que ces soins de fortune ne font pas l'économie d'une certaine douleur. Tout cela reste très rudimentaire et vous n'aurez pas le luxe d'une anesthésie. En revanche, réagir vite et être préparé à subir une douleur vive mais temporaire peut vous garantir de conserver l'un de vos membres, d'échapper à la fièvre ou à une infection qui laisserait la gangrène se propager. Gardez en tête que la priorité repose souvent sur ces trois facteurs : désinfecter une plaie, immobiliser un membre foulé ou brisé et arrêter un saignement. Si vous parvenez à assurer cela, vous serez en mesure de patienter jusqu'à trouver des secours.

INTERVENEZ EN CAS D'ARRÊT CARDIAQUE

Là, ça devient urgent. Donc, au plus vite, prévenez les secours. Puis placez la victime sur une surface stable, au sol en général, mettez-vous au-dessus d'elle et commencez par faire 30 compressions thoraciques avec vos deux mains jointes, en comptant mentalement : « Et un, et deux, et trois... » Après chaque séquence de 30 pressions, laissez la poitrine reprendre sa position initiale afin de permettre au sang de revenir vers le cœur. Pratiquez ensuite deux insufflations (ce que l'on appelle le bouche-à-bouche) et recommencez le processus jusqu'à ce que les secours arrivent ou que la victime se remette à respirer normalement.

RÉALISEZ UN BOUCHE-À-BOUCHE

Basculez la tête de la victime vers l'arrière et soulevez-lui le menton. Posez une main sur son front et pincez ses narines avec le pouce et l'index. De l'autre main, faites en sorte que sa bouche reste ouverte en tirant un peu sur son menton. Inspirez normalement, penchez-vous et couvrez entièrement la bouche de la victime avec la vôtre. Insufflez lentement et régulièrement de l'air dans sa bouche en vérifiant que sa poitrine se soulève. Chaque insufflation doit durer environ une seconde. Redressez-vous et recommencez une seconde fois. Puis positionnez vos mains sur son torse et réalisez les 30 compressions thoraciques... Je sais, tout cela n'est pas follement gai, mais si vous avez le temps, suivez une formation, elle vous sera utile toujours et partout.

LES VERTUS DE L'ARGILE

Dans certaines régions, l'argile est une ressource facile à se procurer, et cela en très grandes quantités. Une chance quand on connaît tous les usages possibles : hydrater la peau, créer une couche protectrice contre les moustiques, panser les plaies, calmer les irritations et les démangeaisons, se débarrasser des toxines, pour une action anti-inflammatoire, et même, en l'ingérant, pour stopper la diarrhée.

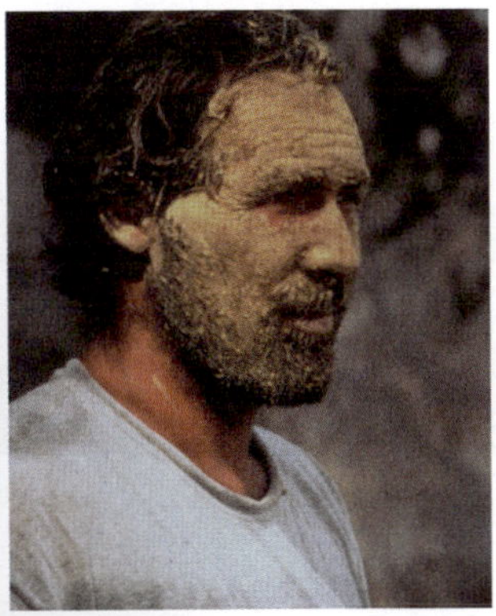

REMÉDIEZ À UNE ENGELURE

Je ne possède aucun diplôme de médecin. Cela ne m'empêche pas de partir avec quelques objets dont je sais qu'ils me seront utiles en cas de problèmes de santé. Je ne vais en citer qu'un, dont la fonction se révélera multiple : c'est une mèche de perceuse. J'ai toujours emporté avec moi, lorsque je partais en expédition vers les pôles, une sorte de vilebrequin à main sur lequel je place la mèche lorsque j'ai besoin de faire des trous dans un objet quelconque. Plusieurs fois, alors que mes orteils commençaient à geler et prenaient cette teinte noire qui annonce la nécrose, signe que les veines explosent et ne tarderont pas à pourrir, et parce que la douleur n'est pas loin d'être insupportable, j'ai entrepris de creuser un trou dans mes orteils avec cette mèche. En passant d'abord par l'ongle, en serrant bien fort les dents, jusqu'à ce que j'atteigne l'œdème. Celui-ci percé, un filet puant et noirâtre s'écoule, et je peux alors m'assurer que l'infection disparaît progressivement, avant de m'atteler à désinfecter et bander la plaie. Je peux vous dire que, malgré la douleur, cela fait un bien fou.

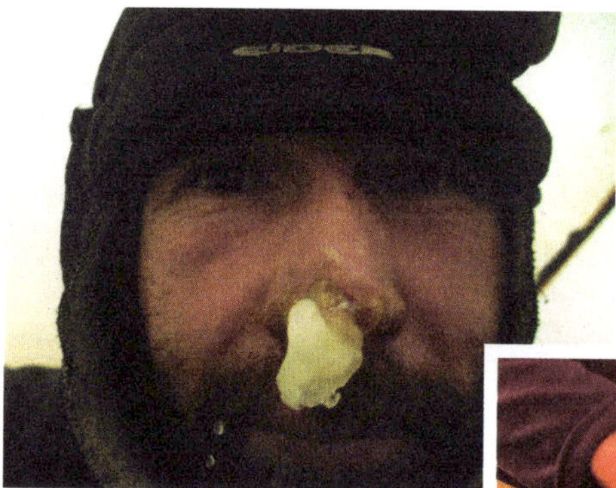

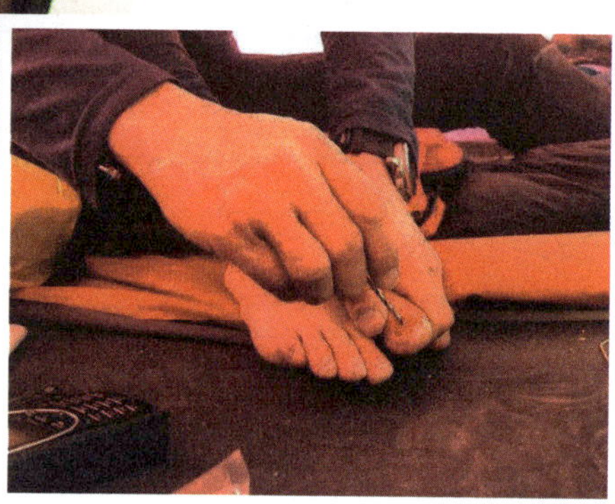

ANTICIPEZ LA NOYADE

Le fait de savoir nager ne suffit pas. Car s'il y a bien un endroit où l'on peut vite perdre pied, c'est dans l'eau. Plusieurs fois, j'ai failli y rester. Dans les conditions les plus diverses, en descendant l'Amazone comme en traversant le pôle Nord.

Si je prends le cas de la rivière, ou du fleuve, ce qui est important si vous tombez et que le courant vous emporte, c'est d'adopter ce que j'appelle « une position de survie ». Il faut se mettre les pieds en avant, tout en écartant les bras, et se laisser en quelque sorte porter par le courant. Il faut là encore être patient, réfléchir puis contrôler la situation afin de faire le ou les gestes qui vous sauveront. Paniquer, nager en dépit du bon sens, c'est se précipiter vers le danger et l'épuisement rapide. Au contraire, être capable d'anticiper ou de comprendre ce qui va se passer devrait vous permettre de vous en sortir. Il faut passer les obstacles tranquillement, en essayant de protéger votre corps puis, une fois sorti du piège, trouver un moyen d'accéder à une rive... Ce qui peut parfois être long.

Lorsque j'ai descendu l'Amazone à la nage, je me suis cassé le genou en passant une cascade, et j'avais donc une jambe qui ne fonctionnait plus. Rétrospectivement, je pense que, si j'avais alors paniqué, j'aurais pu me noyer. J'ai compris qu'il fallait que je me mette une attelle, que je récupère un peu de force et que je me laisse ensuite porter par le courant. C'est ce que j'ai fait même si je me trouvais dans un des canyons les plus profonds du monde, avec des parois qui faisaient 3 000 mètres de haut. Je me disais, "Ok, je ne me suis pas noyé, j'ai le genou pété mais je veux juste rentrer gentiment chez moi. Alors descends jusqu'à ce que tu trouves une sortie pour stopper ton expédition". Après une semaine, je suis arrivé dans un village. En économisant mes forces, j'avais pu traverser ce canyon et aller au bout de mon aventure.

Pour les étendues de glace, sujettes aux cavités, à la fonte et à l'eau glacée, votre réactivité devra être plus importante que pour toute autre étendue d'eau, autrement vous risquez l'hypothermie. Il faut savoir qu'une température corporelle avoisinant les 30 °C risque de vous plonger dans le coma. En dessous de 28 °C, il y a un risque d'arrêt cardiaque. Tout nus, nous survivons au maximum trois quarts d'heure dans une eau glaciale. En règle générale, une personne ne peut pas survivre plus de 45 minutes dans une eau à 3 °C sans protection adéquate, et seulement 10 minutes dans une eau gelée en surface (- 3 °C), comme dans les eaux arctiques. Si vous avez un surplus de poids, vous résisterez au froid plus longtemps, car la graisse est un bon isolant. Il n'en reste pas moins que vous avez plutôt intérêt à vous extraire de l'eau le plus rapidement possible, tout en veillant à ne pas vous retrouver enfermé sous la glace. La première chose à faire est de garder la tête hors de l'eau : remplissez vos poumons à coups de grandes inspirations pour mieux flotter malgré vos vêtements gorgés d'eau. Une fois sorti de l'eau, là encore, il faut aller très vite, résister à l'envie de se mettre tout de suite debout parce qu'on est presque sûr de retomber immédiatement, ou que la glace ne cède pas à nouveau. Vous devez vous rouler sur la glace ou vous hisser et avancer, un peu comme un phoque le ferait, jusqu'à atteindre un endroit plus solide. Une fois stable, roulez-vous dans la neige afin que cette dernière absorbe l'excès d'humidité présent sur vos habits. Ensuite, mettez-vous à l'abri du froid et du vent, enlevez vos vêtements mouillés pour vous sécher et vous réchauffer, auprès du feu ou de votre réchaud. Et rapidement, enfilez plusieurs couches de vêtements bien secs.

En 2019, lors de ma dernière traversée de l'Arctique avec Børge Ousland, j'ai commis une erreur d'inattention et je suis passé au travers de la glace. Piégé dans l'eau gelée. Encore une fois, à cause de cette précipitation, ma vie était en jeu. Équipé de mes skis qui m'entraînaient vers le fond, il m'a fallu des efforts colossaux pour arriver à les remonter. Je suis ensuite parvenu tant bien que mal à m'agripper au rebord de la glace puis à rouler sur le ventre pour me dégager du traquenard.

SURVIVEZ À UNE MORSURE

Sachez qu'échapper à des prédateurs – même lorsqu'il s'agit des moins imposants – n'est pas gagné d'avance. Lors de mon expédition dans la forêt amazonienne, j'ai été mordu par un serpent. J'avançais de nuit, j'étais épuisé et entouré d'herbes coupantes. Ce n'est jamais confortable, la brousse. Et là, alors que je me frayais un passage avec ma machette, je n'ai pas vu le serpent. Puis c'est comme si la terre s'était mise à tourner autour de moi. J'ai allumé ma lampe frontale car il fait souvent très sombre dans la jungle, et j'ai découvert deux petits trous… la morsure du serpent. Très honnêtement, je me suis vu mourir. J'ai commencé à perdre le contrôle de moi-même et je suis tombé dans les pommes après plusieurs jours de fièvre intense. Quand je me suis réveillé de ces quelques heures de semi-coma, j'avais passé le cap du poison et j'étais toujours vivant. Mais l'épisode m'a marqué. Dites-vous que, même dans des contrées moins reculées, il est toujours délicat de repérer un serpent. Et quand on le voit, c'est qu'il est peut-être déjà trop tard. En revanche, la situation n'est pas si fréquente : la plupart des serpents sont terrestres et s'éloignent dès qu'ils ressentent la vibration des pas sur le sol. En faisant du bruit, vous vous tiendrez éloigné de la plupart d'entre eux, sauf pour ce qui est du cobra qui peut être agressif. Autrement un serpent ne mord pas, ou alors juste pour se défendre. C'est dans les forêts tropicales qu'il faut se montrer plus vigilant, car les serpents nichent dans les branches d'arbres à hauteur du torse et de la tête, et ne prennent pas la peine de s'enfuir car ils ne vous sentent pas approcher. Un mauvais geste est donc vite arrivé. S'il mord, c'est parce qu'il n'a pas eu le temps de s'enfuir, et s'il n'a pas eu le temps de s'enfuir, c'est probablement parce qu'il est en train de digérer une proie. S'il est en train de digérer une proie, c'est qu'il a utilisé une partie de son venin et donc qu'il en a moins à disposition… Ce qui est plutôt rassurant ! Dans l'idéal, il faut lui ouvrir l'estomac pour pouvoir le vérifier. C'est cette dernière information qui déterminera vos chances de survie.

Dans le pire des cas, appliquez les bons gestes, vous aurez de grandes chances de vous en sortir. D'abord, restez calme, car plus votre cœur battra vite, plus le venin se répandra rapidement. Ensuite, placez tout de suite la morsure plus bas que votre cœur. Si vous avez été mordu à la main, laissez-la pendre.

Ôtez bagues, montre ou chaussures (si vous avez été mordu au pied), tout ce qui pourrait serrer la zone atteinte par les crochets du serpent, car celle-ci va se mettre à gonfler. Une fois ces gestes effectués, contactez rapidement les secours. Si vous êtes dans une zone très reculée, que vous êtes livré à vous-même et qu'il n'y a aucun hôpital à proximité, faites-vous un garrot cinq à dix centimètres au-dessus de la morsure pour réduire au maximum la propagation du venin, sans toutefois bloquer la circulation. Ce bandage ne doit pas être trop serré – vous devez pouvoir passer un doigt en dessous – afin d'éviter d'endommager le membre mordu.

Vous pouvez aussi avoir eu la sagesse d'ajouter dans votre trousse à pharmacie un kit spécial morsure, il en existe plusieurs sortes. Le plus classique est une sorte de seringue ventouse pour aspirer le venin. Mais n'essayez en aucun cas d'aspirer avec la bouche comme on peut le voir dans certains films… Enfin, après avoir évacué le poison, il vous faudra boire des litres et des litres d'eau pour éviter la déshydratation, et surtout prendre le temps de vous reposer.

ÉCHAPPEZ À UN OURS

Si vous décidez de partir pour les territoires arctiques, vous serez certainement confrontés aux grands prédateurs que sont les ours. En premier lieu, avant de vous demander comment réagir, sachez que la vraie question serait plutôt : comment un ours polaire va-t-il réagir face à moi ? Si c'est un mâle, ce sera différent d'une femelle, parce que la femelle arrive avec pour but de nourrir ses petits, tandis que le mâle veut défendre son territoire et ses intérêts, pas vraiment vous dévorer. La mère est donc plus déterminée que le mâle et faire fuir une femelle s'avère beaucoup plus difficile. Une fois, avec Børge qui part toujours avec un équipement antiours, nous avons tiré douze fusées éclairantes pour faire fuir une ourse un peu trop entreprenante. Nous ne voulions pas la tuer, nous voulions juste lui faire peur pour qu'elle nous lâche. L'animal a fini par partir en ignorant que la douzième fusée éclairante était la dernière de notre arsenal. Si elle était revenue, elle aurait pu nous attaquer, mais elle ne l'a pas fait.

Il est pour l'instant probable que jamais vous ne vous retrouviez dans l'Arctique (il n'y a pas d'ours polaire en Antarctique) face à un animal affamé qui vous attaquera. En revanche, avec la politique de réintroduction des ours bruns dans nos montagnes, il n'est pas impossible qu'un jour le face-à-face ait lieu. Selon moi, on distingue alors deux possibilités : si le plantigrade semble calme et s'approche de votre campement presque par curiosité, s'il n'adopte pas un comportement agressif ou ne semble pas gêné par votre présence, grandissez-vous en levant vos bras en l'air. Faites-vous le plus imposant possible et parlez-lui fermement. Criez si c'est nécessaire, et faites du bruit avec ce que vous avez sous la main, cela devrait suffire à l'éloigner.

En revanche, si vous le rencontrez par surprise, l'ours risque d'avoir peur et d'être stressé. Il faut donc rester très calme. Grandissez-vous là aussi en levant les bras et parlez-lui calmement. Essayez de vous éloigner doucement de son chemin en marchant sans jamais lui tourner le dos. Mais surtout, ne partez pas en courant, ne fuyez pas. Si, malgré ces précautions, l'ours grogne, montre les dents ou fait mine de vouloir vous charger, la situation peut devenir critique. On conseille dans ce cas d'utiliser un spray au poivre : aspergez l'ours et il s'enfuira. Si vous n'avez rien sous la main et que l'ours attaque, la meilleure solution est de faire le mort en vous allongeant sur le ventre. Cette manœuvre n'est pas intuitive, mais elle peut vous sauver la vie. Restez couché, ventre à terre et jambes écartées. Croisez les mains derrière votre nuque pour la protéger ainsi que la tête et le cou. L'ours aura ainsi plus de difficulté à vous retourner. Restez immobile jusqu'à ce que vous soyez certain que l'animal est parti. Le mieux reste encore d'éviter de croiser un ours. Mais, pour ça, il faut emprunter les sentiers bien balisés, guetter les traces de passage d'animaux, bien enfermer ses déchets et sa nourriture, et faire un maximum de bruit pour les alerter de votre présence.

Serpents, crocodiles, ours polaires, loups, éléphante qui voulait protéger son petit, la liste est longue des animaux que j'ai croisés et dont j'ai parfois dû subir ou repousser les attaques. J'ai senti l'haleine d'un plantigrade dont j'ignorais la taille derrière ma tente lors de mon expédition Arktos, j'ai entendu une meute de loups venir rôder autour de cette même tente, conçue cela dit pour qu'elle ne puisse pas être déchirée ou déchiquetée par les dents d'un canidé. Ma vie d'aventurier est émaillée de rencontres avec la sauvagerie de la nature. Mais qui est le plus sauvage finalement, l'homme ou l'animal ?

PRENEZ DES PRÉCAUTIONS

L'inattention est la mère de l'échec. C'est pour cette raison que j'ai souvent considéré l'aventure comme une forme d'art martial. J'exagère sans doute un peu, mais vous connaîtrez des instants où votre esprit aura la liberté de vagabonder. Gardez-vous de l'euphorie et de cette sensation de plénitude... Prenez garde, toujours. « Après la pluie, le beau temps » dit-on. Ce n'est pas faux, mais on peut ajouter à cet adage d'un optimisme parfois excessif son exact contraire : « Après le beau temps, la pluie, voire la tempête. » Alors tenez-vous constamment prêt à subir les assauts du ciel et de la terre.

Vous avez sans doute compris que tout dépendra à la fois de votre préparation et de la façon dont vous avancerez une fois en route vers votre but. Souvent, les commentateurs sportifs utilisent cette phrase qui me semble à la fois basique et tellement vraie : « Il a confondu vitesse et précipitation. » Parfois, en fonction de l'urgence d'une situation, d'une surprise, de votre fatigue et de l'envie d'en terminer, vous allez faire vite, trop vite. C'est le plus grand danger que vous courez avec celui de vous sentir invulnérable parce que tout va bien. C'est en général à ces moments-là que le drame peut survenir. Sinon, faites attention à tout, aux bruits, aux mouvements, au temps qui change parfois radicalement, à vos réserves, à votre équipement. Mais tout cela, vous le savez sans doute maintenant.

VOS DIFFÉRENTS SIGNAUX DE DÉTRESSE

Si par malheur il vous arrive de vous retrouver dans une situation périlleuse, il existe différents types de signaux de détresse. Vous pouvez les utiliser ensemble ou séparément. Ils se découpent notamment en signaux sonores ou visuels. Tout dépend ensuite de l'environnement dans lequel vous vous trouvez. Sachez toutefois que, quelle que soit la situation, le signal de détresse le plus connu reste le S.O.S. Vous pouvez ainsi :

- Émettre un S.O.S. sonore avec un sifflet, par exemple : 3 sons courts, 3 longs, 3 courts.
- Faire un S.O.S. visuel : 3 éclairages courts, 3 longs, 3 courts avec une lampe de poche ou toute autre source lumineuse.

Des méthodes spécifiques s'appliquent en fonction du danger et de l'environnement. En cas de danger à bord d'un navire, vous pouvez par exemple :

- Émettre un son continu avec un sifflet.
- Émettre un signal radio (« Mayday »).
- Utiliser une radiobalise qui émet un signal constant.
- Agiter les bras de haut en bas.
- Actionner un fumigène et le garder à la main.
- Agiter n'importe quelle source de lumière rouge.
- Lever un pavillon rouge carré et mettre une boule en haut.

En cas de danger en montagne, vous pouvez par exemple :

- Utiliser vos bras en faisant de grands mouvements amples (alterner bras parallèles en l'air et bras tendus perpendiculaires au corps).
- Agiter un tissu rouge ou l'étaler sur le sol (normalement présent dans les trousses de secours pour la montagne).
- Refléter la lumière du soleil avec un miroir afin d'attirer l'attention des gens (faites un S.O.S. avec, si possible).
- Si vous êtes repéré par un hélicoptère, former un V avec vos bras (votre corps formant alors un Y, vous confirmez par « Yes » que vous avez besoin de secours).

Lettre	Code international	Prononciation
A	alpha	Al pha
B	bravo	Bra vo
C	charlie	Tchar li
D	delta	Del tah
E	echo	Èk o
F	foxtrot	Fox trott
G	golf	Golf
H	hotel	Ho tèll
I	india	In di ah
J	juliet	Djou li ètt
K	kilo	Ki lo
L	lima	Li mah
M	mike	Ma ïk
N	november	No vem ber
O	oscar	Oss car
P	papa	Pah pah
Q	quebec	Ké bèk
R	romeo	Ro mi o
S	sierra	Si èr ra
T	tango	Tan go
U	uniform	You ni form
V	victor	Vik tor
W	whiskey	Ouiss ki
X	x-ray	Èkss rè
Y	yankee	Yang ki
Z	zulu	Zou lou
0	zero	zi reuw
1	one	ou ann
2	two	tou
3	three	ss ri
4	four	fô-r
5	five	faïv
6	six	siks
7	seven	sèvenn
8	eight	eït
9	nine	naïn

ÉPILOGUE

Alors que je termine l'écriture de ce guide qui j'espère vous aidera quelque peu dans votre vie future, une question lancinante n'a cessé de me hanter. Qu'est-ce que partir, finalement ? Et pourquoi ?

L'interrogation n'est pas anodine, vous vous en apercevrez rapidement : qu'est-ce que cela signifie de laisser derrière soi sa famille, ses proches, ses amis ? Est-ce d'ailleurs vraiment possible de risquer sa vie alors que d'autres espèrent ne pas vous perdre en comptant les jours qui passent si lentement avant que vous ne reveniez ?

Ce n'est jamais facile de partir loin en laissant ceux qu'on aime derrière soi. On ne part pas parce qu'on est malheureux, ou mieux ailleurs : sans le soutien de nos proches, nous ne sommes rien... L'image du baroudeur solitaire ne correspond pas à ma réalité. Ma famille, mon clan sont tout ce que je possède de plus cher au monde et rien ne sera jamais comparable, dans la réussite de mes entreprises, à l'amour que je porte aux miens.

Depuis que je fais cet étrange métier, il m'a fallu trouver ma place, non pas dans le monde, ce serait trop vaste, mais dans mon monde, celui circonscrit à ma famille. Vous n'y échapperez pas vous non plus et vous vous demanderez comment habituer vos proches à ces départs perpétuels et à ces retours plus ou moins glorieux.

J'ai utilisé plusieurs méthodes. D'abord, surtout lorsque Annika et Jessica, mes filles, étaient encore des enfants, j'essayais de les préparer en amont à notre séparation. Avant chaque expédition, un mois ou deux avant le départ, je prenais l'habitude, par exemple, de rater deux ou trois petits déjeuners dans la semaine, de ne pas aller les chercher chaque jour à l'école, de m'absenter un jour ou deux. Je me forçais à m'extraire petit à petit de la routine familiale ; comme une sorte d'anesthésie avant une opération. Une manière de les habituer à mon absence et de m'habituer à la leur. Avec du recul, encore aujourd'hui, je reste persuadé que cette méthode en douceur était la bonne. Je vous la conseille.

En suivant ce précepte, lorsque vous quitterez votre maison, vous serez en fait déjà parti depuis quelque temps déjà. Ce n'était pas en arrivant au pied du K2, ou avec l'Arctique devant moi que le voyage commençait. Ma déconnexion – votre déconnexion – doit commencer avant, quand se distend tendrement le lien qui vous relie aux vôtres, mais aussi à votre chez vous et à votre confort. Et c'est là que votre famille jouera un rôle très important. C'est là que vous vous séparerez déjà un tout petit peu, c'est là que vous disparaîtrez progressivement de leur quotidien.

Parmi mes trésors, je garde précieusement une paire de skis sur lesquels mes filles avaient représenté nos chats, notre chien, notre maison. Quand je leur avais demandé pourquoi elles avaient peint tout cela, elles m'avaient répondu : « Mais papa, chaque fois que tu avances, c'est grâce à tes skis, et si tu regardes l'avant de tes skis, tu verras la maison qui se rapproche et nous qui nous rapprochons également. Et si tu fais ça sans arrêt pendant deux ou trois mois, tu te retrouveras à la maison. Au moins, ça te donne la direction. » C'est une histoire incroyable, car elles savaient qu'à chaque fois que je pousserais mes skis en avant dans des conditions de froid extrême et d'efforts démesurés dans la nuit noire, je verrais ma maison et ma famille, et que, forcément, l'espace qui nous séparait allait, jour après jour, diminuer. »

Très vite, avec Cathy, nous avions aussi décidé de faire voyager nos filles, de les emmener avec nous dans des endroits proches de ceux que je fréquentais lors de mes expéditions. Tous ensemble, nous sommes partis au fin fond de la Sibérie, en Amazonie, dans l'Arctique et l'Antarctique, au Groenland, sur la terre de Baffin. À l'âge de 8 ans, mes filles connaissaient certaines parties du monde sans doute mieux que moi à 35 ans... Et chaque fois que nous quittions notre maison, elles n'avaient pas peur de ce qu'elles allaient découvrir. Elles partaient dans l'inconnu, mais cet inconnu semblait les attirer. Telles filles, tel père !

Ce n'est pas parce que vous n'aimez pas votre famille ou vos proches que vous décidez de partir : ma famille, c'est l'unique raison pour laquelle je rentre. Si je n'aimais pas ma famille, je partirais pour ne jamais revenir, mais parce que je me sens si bien auprès des miens, mon envie de rester vivant et de revenir parmi eux est la composante la plus forte de mes actes. Je ne suis jamais parti parce que j'étais malheureux, car nul ne doit être contraint de s'en aller comme on s'enfuit, ce serait à la fois se trahir et trahir ses proches, je suis toujours parti pour mieux revenir encore.

Fondamentalement même, je pourrais dire que j'apprécie sans doute plus le confort de ma maison que celui de ma tente, de mon hamac ou de mon igloo, mais en même temps, je suis contraint d'ajouter que cette tente, ce hamac ou cet igloo sont mes points de fixation pour me sentir heureux à l'intérieur de moi-même. Je vous souhaite de percevoir cette sensation au fil des aventures que vous vous êtes fixées. Vous partirez pour vous retrouver face à vous-même, vous reviendrez pour faire face au bonheur de vos proches. Vous verrez qu'il n'existe pas de meilleur moment !

Le jour où vous partirez en expédition, ne négligez jamais l'importance du partage. Il faut raconter, transmettre, faire part de ses émotions, de ses petits bonheurs comme de ses moments de doute. Sans en rajouter pour ne pas inquiéter ceux qui vous suivent. Car dites-vous bien une chose : votre famille, vos proches seront tellement sensibles à ce que vous êtes en train de réaliser, et ils vous connaissent si bien, qu'ils sauront lire entre les lignes. Ils sauront faire la part des choses. Lorsque j'envoie des messages à mes filles, elles devinent désormais très bien si ce que je leur raconte est vrai ou si je tente de leur masquer la réalité de ce que je suis en train de ressentir pour ne pas les inquiéter.

Lorsque vous vous élancerez pour un périple dont vous ignorez l'issue, viendra le moment où vous n'aurez plus le choix : il vous faudra regarder devant vous.

Dans ces moments-là, ce sont certainement vos proches qui vous viendront à l'esprit et vous donneront la force de vous battre. À l'arrivée, quand vous les retrouverez, vous saurez alors pourquoi vous vous êtes battu… Tandis que je mets un point final à cet ouvrage, permettez-moi de vous donner un dernier conseil. Il concerne l'espoir, ou l'espérance, lorsque, comme moi, vous vous retrouverez peut-être à plat, en manque de tout, au fond du trou, à vous demander si vous allez parvenir à vos fins. Tout ce qu'il reste à faire, c'est de lever la tête et de regarder là-haut. Il y a toujours un rayon de soleil. Il faut le trouver parce que c'est la seule chose qui peut effacer le doute, l'échec, le désespoir. Ne plus chercher à revoir le soleil, c'est abandonner, et c'est sans doute admettre que la vie n'est plus ce que nous pensions qu'elle était.

Nos vies, la vôtre comme la mienne, ne sont finalement qu'une série d'expériences que nous menons jour après jour… Lors de chacune d'elles, soyons courageux, intrépides, francs et déterminés. Ce n'est qu'ainsi, loin de toute fausse bravoure souvent démesurée, mais proche de la véritable humilité, que nous progresserons. Jusqu'où ? Je ne suis pas capable de vous le dire.

MIKE HORN

PANGAEA X

POUR RÉALISER NOS RÊVES SUR CETTE MERVEILLEUSE PLANÈTE, IL FAUT POUVOIR RENDRE À LA NATURE TOUT CE QU'ELLE NOUS DONNE.

Lors de mes dernières aventures, je me suis rendu compte que notre environnement change plus rapidement que ce que j'avais imaginé, que mon terrain de jeu tel que je l'ai connu allait peut-être un jour disparaître. Cette prise de conscience m'a fait réaliser qu'il fallait agir et trouver des solutions rapidement.

Pour moi, la plus grande source d'énergie non exploitée sur Terre est l'énergie de la jeunesse. Celle qui souhaite s'exprimer et passer réellement à l'action pour changer le monde.

En cette année 2022, j'ai lancé Pangaea X, un programme éducatif visant à soutenir et à encourager les jeunes du monde entier dans la réalisation de projets innovants ayant un impact positif sur notre planète. À travers des défis annuels portant sur diverses questions environnementales, je les appelle à agir en proposant des solutions pour aider à résoudre ces problèmes.

La première édition de Pangaea X a été lancée le 9 janvier, sur le thème des océans. Des jeunes âgés de 16 à 25 ans avaient jusqu'au 6 mars pour proposer leurs idées de projets liés à la préservation des océans. Grâce au soutien et à l'expertise d'un jury soigneusement sélectionné, 10 équipes ont été retenues pour intégrer le programme. Dès le mois d'avril, les équipes ont eu cinq mois pour prouver leur détermination et leurs capacités, passer trois phases de sélections avant d'atteindre la grande finale du 1er septembre 2022. Tout au long du programme, les participants ont été invités à me rejoindre, à rencontrer leurs coaches et à participer à différents ateliers animés par des experts pour mettre leurs idées au défi de solutions concrètes.

L'équipe gagnante aura la chance de me rejoindre sur le bateau *Pangaea* pour une aventure incroyable qui permettra d'amplifier la solution.

Ce projet est pour moi une aventure unique et humaine, permettant de développer un projet entouré d'experts et de coachs mais aussi de se développer en tant qu'individu.

Je lance ici à mes jeunes lecteurs l'invitation à réfléchir à des solutions pour résoudre les problèmes auxquels notre planète fait face aujourd'hui. Le changement doit se faire maintenant. Et tous ensemble.

À NOUS, LA PLUS BELLE AVENTURE !

Pour en savoir plus : pangaeax.org

Notes

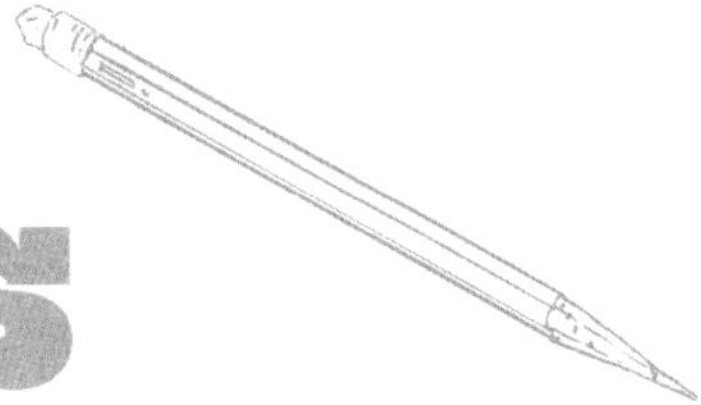

Notes

Index

Conseils

Entraînement

Alimentation

Matériel

Survie

Santé

Avertissements

Crédits photographiques

ÉTIENNE CLARET

p. 4, p. 21, p. 33, p. 42, p. 44, p. 46, p. 49, p. 54, p. 59, p. 62, p. 63, p. 65, p. 68, p. 70, p. 71, p. 72, p. 75, p. 90, p. 105, p. 107, p. 109, p. 110, p. 113, p. 114, p. 119, p. 146, p. 160, p. 188, p. 197

MIKE HORN

p. 6, p. 7, p. 9, p. 28, p. 31, p. 33, p. 134, p. 168, p. 182

SEBASTIAN DEVENISH

p. 8, p. 9, p. 10, p. 22, p. 23, p. 34, p. 37, p. 87, p. 88, p. 92, p. 102, p. 119, p. 127, p. 128, p. 131, p. 141, p. 145, p. 153, p. 154, p. 157, p. 173, p. 176, p. 177, p. 181, p. 183, p. 184, p. 187, p. 196

ANNIKA HORN

p. 18, p. 97

DMITRY SHAROMOV

p. 25, p. 39, p. 73, p. 85, p. 127, p. 140, p. 158, p. 163, p. 164, p. 190, p. 194

ALLEN WALKER

p. 38

HUGO SUDRAUD

p. 51, p. 81, p. 100, p. 151, p. 154

ANTOINE JANSSENS

p. 56

COLUMBIA SPORTSWEAR COMPANY

p. 61

ANTHONY TACHE

p. 67

BØRGE OUSLAND

p. 78, p. 138, p. 147, p. 148, p. 153, p. 182, p. 185

Pictos

VOODOO DOT
BSD STUDIO

Horn Media
Annika Horn
Jessica Horn

Direction des éditions Michel Lafon
Elsa Lafon

Avec la complicité de
Rémy Fière

Illustration
Luc Brahy

Colorisation
Antoine Kompf

Direction artistique
Marion Gouazé
Gilles Legleye
Mathieu Thauvin

Direction éditoriale
Naomi Sirerols
Amanda Meiffret

Marketing
Frédéric Guyomard

Correction
Jean-Pierre Marenghi
Chantal Nicolas

Fabrication
Christian Toanen
Nikola Savic

Photogravure
Press Prod

Notre prochaine aventure n'attend que toi...

Conformément au souhait de Mike Horn et des éditions Michel Lafon, le papier de cet ouvrage est composé de fibres naturelles, renouvelables, recyclables et fabriquées à partir du bois provenant de forêts plantées et cultivées expressément pour la fabrication de pâte à papier.

Achevé d'imprimé en Union Européenne

Dépôt légal : novembre 2022
ISBN : 978-2-7499-5152-2
LAF : 3288

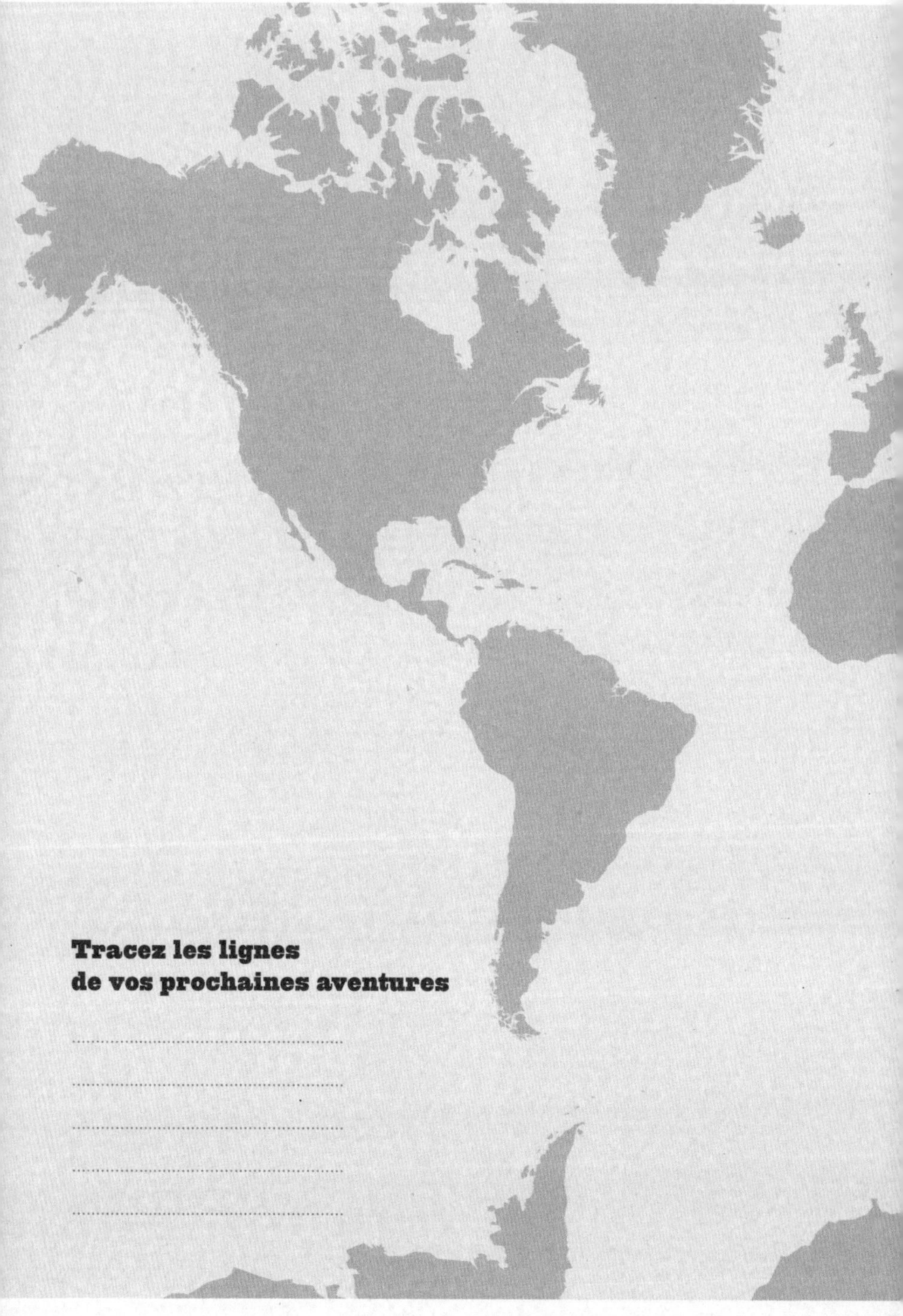

Tracez les lignes
de vos prochaines aventures

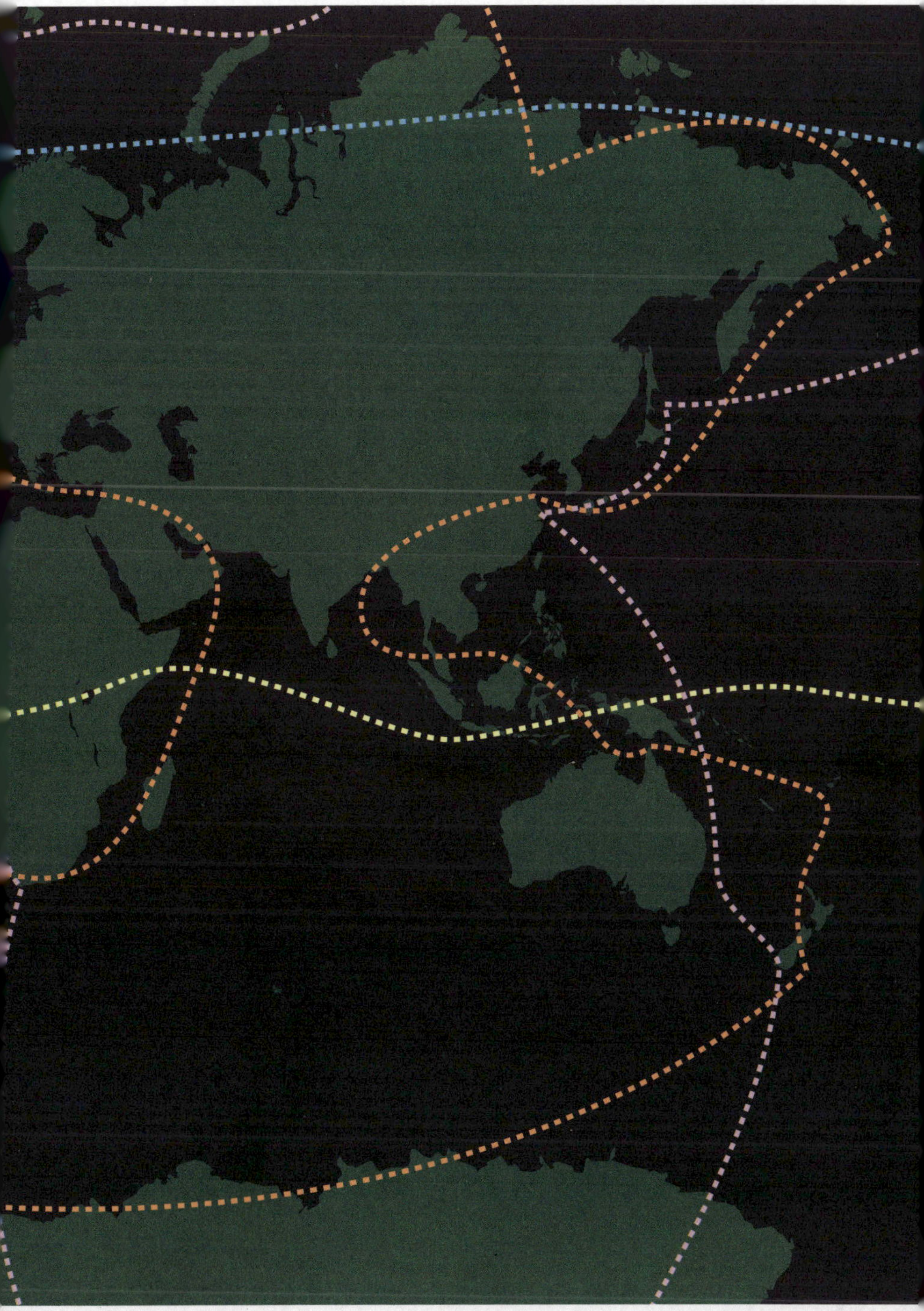